大展好書 好書大展

大展好書 好書大展

·校園系列·

18

超
金榜題名術

有賀悠／著
陳蒼杰／譯

大展出版社有限公司

序言

在許多入學考試中，最大的問題出在考試之前，不能確切實行自己所策訂的讀書計畫。認為可以完成的計畫，經過一週後，仍然尚未實行。應該昨日做完的範圍，也尚待補充，這些問題何在，值得深究。

考試有所謂的「應該做什麼」的部分，和「如何實行」的部分等兩項。本書是針對後者的讀書計畫「如何實行」的部分，為了實際準備考試所撰寫。事實上，在應該做什麼的部分，可以做出令人意外的事情也不少。但對於這個問題，以後有機會再來說明吧！本書則著重於如何提高讀書密度和讀書時間，以及如何獲得高分等所撰寫的讀書計畫篇。

因為在準備大學聯考時，這個部分做不好的情形居多，而且

「在有限的時間內，如何獲得高分」，是最優先該思考的問題，並非只要多花時間就能錄取。

其理由有二：一是所謂的記憶，已經記憶之事，若是放置不管，將會隨時間而消失或淡忘。其二是沒有為獲取高分而努力，因此，即使花費很多時間，也無法獲得高分。

本書針對此點說明了「如何維持考試的記憶」、「記憶的方法」和「如何利用模擬題得高分」等事項。因此，從今天就開始用功，莫待明日。因為如果和別人做相同的事，其結果也是一樣的。考試只有六成以下的錄取率，沒有異於他人的高招，你就不會錄取。

請反覆閱讀本書，直至全部牢記為止。閱讀一次就能記憶的人，不必閱讀本書，只要讓記憶習慣化即可。

雖然同樣教導讀書法，但有人實行的卻和我說的有所差距，這是因為只是一知半解就實行所導致。

「復習最重要」，如果記憶並且用心實行是最好的事。但是有人明明已經理解，卻又重新再解題，做出這種愚昧的行為，然後再說「時間不夠」，這是不智的。把問題和解答並列，而且模擬題也是重要的指針。

所以重新「編輯模擬題然後記住」是很好的方法。但不知在何處發生混亂時，打開左右有問題和解答對照的兩頁，或使用將問題集貼在容易閱讀的筆記本，都是加強補救之方。

但是，有人使用「問題集一開始就填上答案來記憶」，而對於應該「記住」之部分只能模糊的記憶，以自己的方式而無效率的方法，然後說「這種方式記憶不多」的人，為了避免這些錯誤，請反覆閱讀本書。並以「粗的水性筆畫上重點」好好記住，才是最重要的方法。

【必須確切實行】

首先閱讀五次以上，將新的事物變成行動模式固定在頭腦裡，使之變成習慣。必須反覆到向頭腦輸入一百小時般的才能習慣化。或使用小筆記本，進行每日之課程管理，或每日閱讀附錄的錄取誘因。

在筆記本旁邊的照片欄，貼上目標大學，或獲得資格時之場面的照片，然後在頭腦裡圖案化。之後，再重新閱讀幾次，確定是否有偏離軌道。

※《和他人做相同的事，其結果也相同》

目錄

第二章　上榜之心理技巧

第三章　上榜手冊應用術

第四章　大學聯考上榜戰術

第一章 為了上榜之學習計畫

1 決定版！上榜課程表之製作方法

◆課程表之秘訣！優先順位法

請各位好好檢討你說過這句話幾次「今天沒有用功的，明天再開始」。下定決心這句話，只不過是更新這句話的記錄而已。為了排除學習的障礙，最有效的方法就是排定課程表。

所謂課程表是截至考試日之前的長期性計畫；以一個月為單位的中程目標之中期性計畫；以一週為單位的短期性計畫；和以一天中的二十四小時為計畫等，以四種時間計畫所組成。在能實行的條件下，長期性的計畫最為重要。

但實際上成為問題的，卻是最後的「如何善用一天」的時間計畫。如何確保每一天的讀書時間，而且在考試之前，從非閱讀不可的科目，以優先順序排列，和如何學習才能獲得高分的能力等，為此，必須策訂詳細之課程表。

首先，把今天必須做的工作全部列出來，並且排列優先順位。這時把優先度高的放在前面，把一個項目分為數段也無所謂。一天的讀書，從優先順位最高的項目開始學習。

在學習最重要的科目時，不要去想次要的科目。目前在溫習的最為重要，其他項目都不必去理會。

第一道題做完，再做第二道題。如果在一天的計畫中有剩餘的問題，就必須重新安排到第二天的課程。反之，如果這天的計畫完成，還有剩餘的時間，就將問題再以優先順位安排，依序作答。如此就能按照優先順位一一加以解決。

這種「優先順位法」，原是在一日的課程中，決定在這段時間做什麼功課，但如果最後卻僅消化重要度低的科目，而最重要的科目卻沒完成。雖然有訂立計畫，卻很難按計畫實行。例如一開始計畫某本書前十

一天中用功的優先順位

2 Ⓜ	K標 13~15
1 Ⓔ	秘單 §1.f
6 Ⓜ	平元 PAP∀
5 Ⓔ	解 M 3.4
8 Ⓒ	100 選 25~27
4 Ⓙ	TM-3
3	k 筆記 1冊
7 Ⓒ	講義
9 Ⓔ	總 M3

優先順位法與以前方法之比較

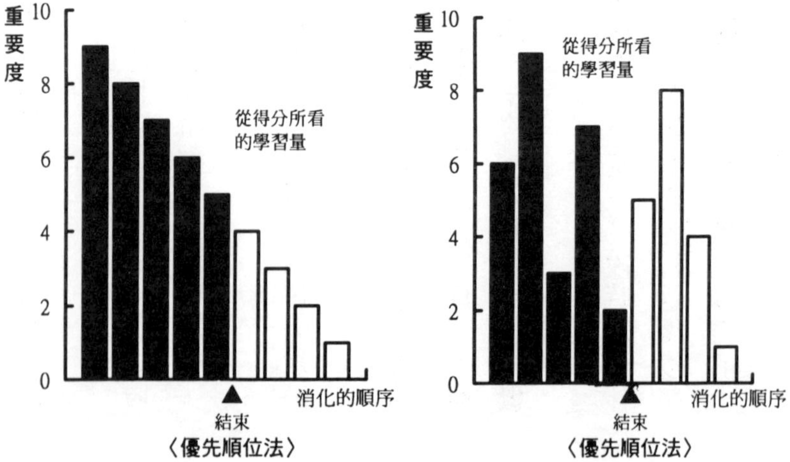

頁，從九時～十時，一小時必須看完，但實際上需花費多少時間，閱讀後才能知道。也許一小時不可能完成。以固定的時間來配合閱讀的範圍，這種刻板的方式，是絕對會失敗的計畫。以這種方法，不可能在一天結束時，將重要的課程全部消化吸收。

「優先順位法」最有效之處，就是時間使用法。正確的使用時間，或許會出現更多、更集中的用功時間，甚至還有反省、檢討自我的時間也說不定。但總而言之，當天必須把最重要的功課消化完畢。所以說沒有比這種更有效的方法了。

而且今後以「提高學習密度的方法」來培養集中力，充分利用時間以增加每單位的學習量。天衣無縫的配合方式，其學習必定有飛躍性的發展。

重點

對一天的計畫排列優先順位，從重要的事項依序學習。

2 無論如何先學習「考古題」

◆先做「考古題」

在策訂考試之長期計畫時，首先要考慮的是，必須先做什麼。在這裡要詳細闡明，最重要的是考歷屆大學聯考題(本文略稱「考古題」)，以及「考古題」的解答說明。

準備入學考必須從「考古題」進入。當然考古題並不能輕鬆解答，一般無法完全解答的情形居多。如果全部能作答，那就不必再準備考試了。因此處於這種狀態，首先要進行的是「考古題」解答的記憶作業。能解答之後再來學習，把「考古題」擱置一旁是不智之舉。

為了測驗自己在考試之前能解答何種層次的問題，因此必須做什麼之項目，就須從「考古題」著手。不必完全會解答，但為了明確了解自己不能解答的缺點，接著應該再做什麼才能解決，必須再加以探討。

〔「考古題」之重點〕

・過去出現什麼題目？→應該學習什麼？
・出題形式如何？→應該如何學習？
・出題水準→應學習之程度？

◆「考古題」之使用方法

如何使用「考古題」，首先把「考古題」影印五份以上，必須選擇有詳盡解說的參考書。準備一本筆記本，在筆記本的右頁貼上問題，左頁貼上解答，以紅色水性筆寫上答案，以黃色螢光筆，將答案選擇範圍塗上。

有關答錯的試題，先閱讀解說，然後在答錯的地方，以黑色筆重新寫上正確的答案。這時候盡可能注意勿將「錯誤的答案」記住。如果是在括弧內寫記號的答案，不要再以記號答之，使用紅色水性筆寫上答案

的內容。在很多考試中，有些相同的問題可能會出現很多次，因此可在試題上做一些預測。大學聯考等考試，雖然不會出現完全相同的問題，但經常有思考方式類似的考題出現，因此，多花一點時間在「考古題」，在考試當天可能會派上用場。

另外，在接近考期時也應多復習「考古題」，即使「考古題」的利用價值已變成十分之一以下。

有些考試測驗卷，在問題旁邊或問題下方會附上答案，編成「考古題」集在坊間販售。在這種情形下，雖然其題材和前述有些不同，但也可利

答錯題之活用法

在以下的題目，選一項正確答案以記號作答。

不只將達到光飽和

問1 ⓐ二氧化碳在氧的濃度充分保持一定的溫度條件下，光合成速度~~經常~~以光的強度成比例。

ⓑ植物經常以呼吸放出二氧化碳，當二氧化碳放出速度與光合成之二氧化碳呼吸速度相等時，這種~~光合作用~~稱為補償點。　強度

ⓒ明反應主要在葉綠體基粒→不受溫度和二氧化碳的濃度的直接影響。　葉肉細胞葉綠體

ⓓ甘蔗和玉米卡賓碳→回路之外，以~~維管~~束鞘→~~細胞~~做為把二氧化碳以 C_4 化合物來固定，這種過程在二氧化碳低濃度時也能進行。

問2 ⓐ呼吸所產生的二氧化碳溶於血漿，其大部分紅血球中的碳酸脫水酵素作用變成~~碳酸~~，運用於呼吸器官。　酸式碳酸鹽

ⓑ氧和身體內基質的特定物質結合，決定化學反應的方向，但氧自體的反應不會變化。

ⓒ脊椎動物在紅血球中具有的血紅蛋白，但無脊椎動物在血漿中含有血紅蛋白，或類似血紅蛋白的無脊椎動物血紅蛋白，還有~~血藍蛋白~~等含鐵等呼吸色素來搬運氧。　血藍蛋白是銅

ⓓ因血紅蛋白構造的變化，使紅血球的膜破裂而引起貧血。在微血管內引起血行障礙之鎌狀紅血球症，是構成血紅蛋白分子，第六位之氨基酸~~谷氨酸~~變成纈安酸。　β鎖　谷氨酸

用。

假定在此有一很大的洞窟，只有一個入口和一個出口。洞窟中一片漆黑，而只帶著一支小小的筆燈，多數人都不知道出口到底在哪個方向，但可依靠風的流動，或一些氣味來判斷大略的方向。可是如果沒有嚮導就自己進入洞窟，最後或許也可走到出口，但恐怕走到出口前就已經精疲力竭了。此時出口若能射進光線，那就太好了，只要朝著光的方向就能很快抵達出口了。

這道所謂出口的光，可引喻為「考古題」。但是這條道路上，或許有懸崖、有水池，需要繩索或鐵鎚等工具。或許知道出口但無工具，所以也無法進入。抑或需要食物和水也說不定。因此，齊備這些道具，就是考試用功的方法和訣竅。「考古題」只是指引前進路途的燈火。

在此強調，準備考試固然是從考古題進入，但切勿執著「出題方向如何，應該如何應對」等，這是無意義之反駁。我們的目的在於能夠錄取，所以只要從出題性高的問題開始吸收就好。

先做出題性高的題目，然後再做其他的題目。切勿抱著中獎券的心態，先做出題性低的題目，這是賭博的心理，當然也有可能獲勝，但還是敗北的機率比較高。

依照這種路線前進，和已抵達出口的人以無線電保持聯繫，就可縮短到達出口的時間。

重點

決定投考的學校，先把「考古題」輸入頭腦。

效果卓越！超記憶技術

◆記憶並非時間問題

在考試中所須具備的能力是「在有限的時間記憶有限的問題，並且加以組合以備能輸出之能力」，稱為『考試力』。

突破考試的鑰匙是「如何在短時間記住必要之知識」。問題的解法，就是必須牢記解法之順序。因此，在測驗上必須思考如何將所記住的內容加以組合。因為在考場上，在有限制的時間內，不可能想出新的東西來。而進入考場必須攜帶的文具，要確實牢記使用這些文具的方法，所以必須反覆多次的練習。

那麼最重要的是，應該「如何記憶」呢？

要使記憶固定，最重要的是不斷的反覆練習，而並非以花費時間的多少來決定。刺激頭腦使腦部產生變化時，是最佳的記憶時刻。反之，記憶事物時，僅以安靜的姿態，沒有產生刺激，記憶就不能紮根。

把橡皮擦或火柴棒放在膝蓋上，放置的瞬間知道「現在放置」，但放置時間一久，就會忘記是否有放物品在膝蓋上。閱讀也是相同，習慣後就容易把內容忘記。這時候把放在膝蓋的橡皮擦或火柴棒，反覆拿起來、放下去，你就會明白物品是放在膝蓋上或離開膝蓋。可是如果是他人在做這個動作，你可能會因掛懷而讀不下書。

剛打開空調時，一開始會掛礙「嗡嗡」的聲音，不過因為是單調的聲音，所以不久就不會再介意了。但是若突然將冷氣關掉，恢復一片靜寂後，你就會了解剛才被噪音包圍的感覺。

由此可知，沒有變化之物就不能形成刺激，因此希望記住的內容一直在眼前時，腦部就不會去記憶。

看到有興趣記憶之物時，隨意瀏覽、模糊記住後，從視線移開，然後再來回想是很重要的工作。當然想不起來的情形較多。於是就會再看

忘記有沒
有放置……
現在放在
這個位置

空調
ON
OFF
聲音有
那麼大嗎？

一次，如此一來，就會「恍然大悟」而刺激了腦部。這時候又從視線移開，然後再回想看看，如果想不起來就再反覆。但有時候雖然可再想起來，但隨著時間的流失又會淡忘也說不定。連記憶之後，還有不能回想起來之狀態，那就遑論要使記憶紮根了。

總之，造成曾經記憶的狀態也是很重要的。

中小學生在學習寫國字時，首先必須有抄寫的工作。記憶力好的學生，馬上就會寫。但不會寫的也的確不少。於是老師或家長可能會要求他同一個字抄寫三十遍。但是也有一種人，無論如何抄寫也記不住。其理由是抄寫不過是模仿罷了，所以記不住。

其實，不會寫的字寫三次後，看是否能記住。不能記住就再寫三次。以這種方法，較難的國字就再多加練習。可是如果是簡單的國字，就可以少練習一些，如此一來就不必把簡單的字、較難的字一律抄寫三十次，這是一種毫無意義的工作。

記憶英文單字也是如此。我們經常為記住英文單字，在紙上反覆抄寫。但是入學考試的英文單字，多數是能從英文字翻譯出即可。需將拚音完全拚出的機會並不多。因此重要的是，能架上拚字和翻譯的橋樑，尤其是必須在短時間內想出製作橋樑的方法。讀過拚音後就讀翻譯，讀十幾個字後，再從頭開始拚音、看翻譯。一開始學單字後，在後面讀生字時，必須形成意識離開單字狀態最重要。

對一個單字所花費的時間，認為沒問題了再向前閱讀。可是當時因一直牽掛單字，所以能立刻回想起來。不過一旦意識離開單字後，可能會想不出來也說不定。

這是因為沒有做記憶訓練才會如此。剛開始若想不出來就再看翻譯，看到後恍然大悟「原來如此！」這種狀態會對大腦帶來刺激。對於已記憶之單字要畫上記號，反覆練習到所有單字上都畫上記號。

如此一來，在畫記號時有記號的單字，和沒有記號的單字都會一起進入眼簾，對於再次記憶有所幫助。因為曾經記憶之內容必定會忘記，在快忘記之時期，必須重新復習，時間不需長，但這種重複記憶作業，

必須持續到考試之前。

如多數人所做一般，從前面依序記憶的方法，在考試時要使用是比較困難的事。因為在當天雖然已經記憶下來，但第二天就想不出來的情形也不少。

從前面依序記憶而成功者，是記憶力很好的人。這種方法並不適合一般人。

事實上，多數學習單字的人很少記住。或者雖然已經記住，但在考試之前有段時間會完全忘掉。所謂記住，只不過是當日的記憶而已。

重點

重視反覆操作，以便成為考試時可以使用之記憶。

4 增加記憶的技術

◆勿介意會忘記的問題

「太早記憶，在考試時會忘記太浪費了。」有人這麼說。但這種話切勿信以為真。因為即使已經「記住」的科目，也絕沒有所謂過早的情形。在學習過程中，只要能夠記憶，每次都要記憶下來。因為來不及記憶而考不上學校，才是落榜的主要原因。

也許有人會說「無論用什麼方法，在考試時還是會忘記」。其實記住的內容，忘記也沒什麼關係。因為在考場能自由發揮的知識，並不一定是在考前記憶的知識。而是在記憶、忘記的反覆操作中，牢牢紮根在腦部的內容。因為一旦記憶的內容，即使忘記，在下一次遭遇時，所需的記憶時間短而且容易記住。可是在考前才開始記憶的內容，頭腦會比較紊亂，因而在考試時會引起恐慌，而變成「應該已經記憶，卻怎麼也想不出來」。因此，不要害怕忘記，忘記後再記憶，第二次記憶會更加輕易。

◆能夠使用的記憶才能獲得分數

能夠隨時自由拿出使用的記憶，稱為「再生記憶」。因此相對的，雖然曾經記憶過，但忘記了，然後再看一次所產生的「再次想起」之記憶，稱為「再認識記憶」。在考場能使用的記憶，即為「再生記憶」，是能自由出入的記憶。但是即使用功讀書，記憶能處於「再認識記憶」的狀態，在考試時並無幫助。

雖然已經記住的內容，但若無遇到刺激，隨著時間的流失必會遺忘。因此，在考試當天，如何把多數的資訊保持「再生記憶」狀態，是很重要的！

◆不要減少能使用的記憶

曾經記憶之內容，即使忘記，再記一次卻非常簡單。因為如果能在忘記之前，能反覆簡單的復習，就能繼續保持記憶。因此，學習的內容，在考試之前必須持續練習。並且在考前一週，建立把記憶內容能恢復到再生記憶狀態之記憶系統。如果將記憶隨意放置，在考試時就無法使用了。

※日本在大學聯考中心，以進入東京大學一年的學生為對象，在參加聯考過後一年，接受了聯考中心的測試，觀察其變化，發現不愧為東大生，記憶好的學生仍然不少。

或許進入大學後，仍然很用功讀書，因此全科目學力水準僅降低五%而已（據說進入大學後，學力水準提高者也有一成）。但是，在東大以外的大學實施這種測驗，成績可能會下降。而且其中文系之理科，理系之社會科，成績均普遍降低。

變成能使用記憶之過程

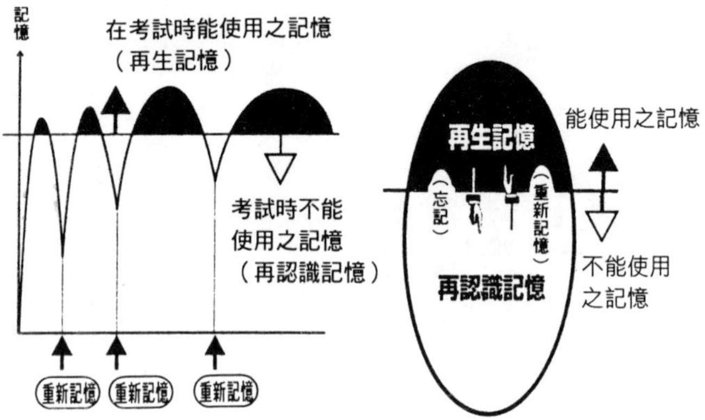

在一百位接受測驗的學生中，有二十位以上成績降低。當然不能說因為考試時忘記了。這和一開始有無用功學習有很大的差異。可以說學習過的內容對將來有益。但是從考試得分實力來看，以前曾記憶的內容，隨著時間必會淡忘。

因此，高四生、國四生成績降低有將近二成的事實，有些高四生雖然繼續補習，卻仍然不能上榜，原因即在此。

這種中心的考試，在應考過後一年，再來接受測驗的人，如果在考前三天再多努力用功，理科、社會科的成績就不會降低太多。（這種模擬考是以募集工讀生的方式，雖然很少人再重新復習二、三天，但為了拿第一名而努力用功，也大有人在）。

重點

勿介意會忘記，首先記住，
在考試前必須反覆復習。

5 學習革命才能上榜

◆學習問題集才會上榜

在準備聯考的學習項目中，占最大比重的是問題集。亦即所謂的「模擬試題」。如果上榜是目的地，那麼模擬考題就宛如是為到達目的的地圖了。這種問題集有二種：其一是「問題集的選擇方法」，另外一種是「問題集的使用方法」。

只有融合兩者才能使問題集發揮最大的力量。但是不少人問：「應該使用哪一種？」卻鮮少人問：「應如何使用模擬題。」但是，即使有人使用相同的問題集，得分力也會有所差距。

況且，在「問題集選擇方法」方面，選擇了得分力難以結合的情形卻不少。

首先對於「問題集的使用方法」做一說明。

在準備應考，努力用功時期，即使翻開問題集，不會解答的部分占多數，因為沒有輸入解答方法之故。因為自己雖然將事項一一記憶下來，卻無法做為問題解答而輸出。

在準備應考初期，切勿竭力解答問題集，一開始就把問題和解答輸入頭腦比較好。的確有非自己解答問題不可的時期，要不然就不能拋棄掉依賴的壞習慣。不過在無法解答的時候，拚命思考亦無濟於事，因此，首先從知識解答方法開始記憶。

◆以二成精通獲得八成的分數

把著名的巴雷特法則套上考試問題，就變成「考試出題的八成題目，是從全體中的二成出題」這也是事實。也許蒐集在參考書的內容，大部分的事項，在某學校的測驗中出現得很多。但在考試的八成題目中，卻只能以二成來涵蓋。參考書大部分的內容，從入學考試的出題率來說

考試時，參考書出題的比例

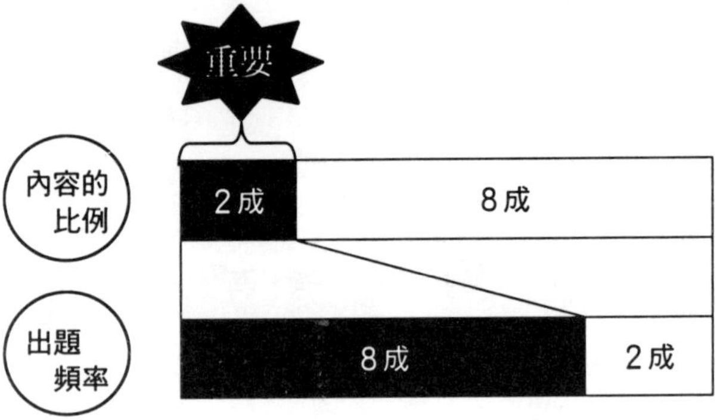

是「不容易出題」。

但是，因不了解自己應該精通那些內容，而只能學習參考書或教科書，所以效率並不高。那麼市面上販售的『△△科總復習』的參考書又如何呢？這些書對於大略都已學過，而為了「總整理」而使用，對彌補重要事項可能很有用。但準備考試之初來使用，可能不能理解，也無法簡單記憶。可以說是效率不佳的學習代表例。

必須學習之二成題目，應站在「何種是出題率高」的觀點來選擇。即使在學問上，或實際事務上屬於重要的內容，但在考試上出題頻率低，就不能優先去學習使用。在資格考試上，實際上許多有關工作的重要事項，在考試時幾乎不曾出題。反而可以不了解的細節問題，經常在考試時出現的情況不少。

應該學習的是，在考試時會出現的題目。因此，活用問題集是最有效的方法。而且在問題集反覆出現的題目，均是重要的事項。

◆將問題集當作教科書來閱讀

活用問題集最重要的是，將問題的解答、解說一併記憶。為此，一開始就必須閱讀問題與解答的方法。閱讀解答時，如英文的長篇文章，國文的解釋，能夠自己先解答一次內容比較好。因此，首先自己嘗試解答也無妨。因為如果自己不用功，即使想解題也解不開。另外，如果採用勉強解答，然後再來對照答案，這種方式有時會忽略記憶問題。

多數的應考生，使用問題集的方式如下：他們自己先解答第一道

題，然後對照答案，如果對了就很高興；錯了就閱讀答案或解明的方法，然後再進行了解。之後再以相同的方式做第二道題目，而這一天解答到第五題為止，第二天再從第六題開始。

以這種作法做到遇到問題時，再重新復習一次。以前答對的一樣答對，以前不會的若仍然無法解答，就不知如何學習模擬題了。

這種情形好像電視機故障送修時，修理技工說：「這架電視零件壞了。」沒有修理就拿回來。又好像肚子痛到醫院檢查，結果檢查出來後，醫生只說：「好極了！已經知道原因了。」而卻沒有投與藥物或注射治療是一樣的。

自己解答問題集的第一個目的，是為了了解哪一個地方不會，或者出現該問題之類似題時，能順利解答並記憶必要之事。

◆學習問題集的進行方法

假定第一天學習問題集第一頁至第十頁，第二天絕不能從第十一頁開始。第一頁至第十頁，必須重新再看一次，明確了解「學習到什麼」「已經記憶的重點是什麼」之後，再進入新的範圍。

例如，一天中學習問題集，大約用了三十分鐘。第一天從第一頁學習到第十頁。第二天必須花五分鐘，將第一頁到第十頁再看一遍。剩下的二十五分鐘再學習第十一頁到十八頁。第三天以三分鐘復習一頁到十頁，以四分鐘復習十一頁到十八頁，最後以二十三分鐘學習第十九頁到二十五頁。

最好的固定度復習方法

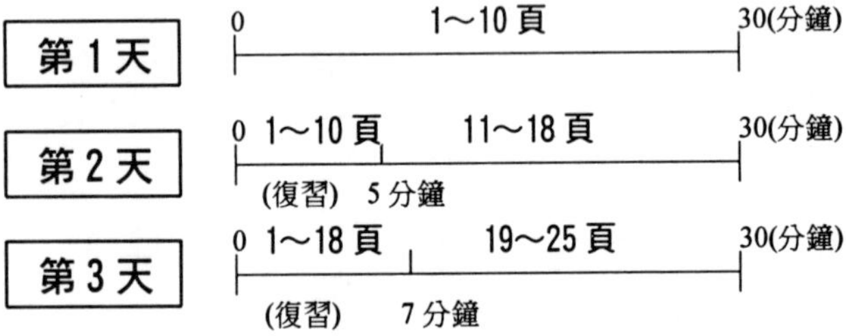

先復習再進入新範圍

事實上，學習的時間（使用的分鐘）可能會拖延，但總之在進入新範圍之前，必須再一次將以前所學習的，正確的將重點再做復習。這和只是隨便翻看情況不同，因為以前曾經學習過，因此，很容易了解究竟課本在說些什麼。

在這個階段，前日所看過的內容，當然都能記住。因此有些人不喜歡重新復習一次，就直接進入新範圍。可是如果為了考試之記憶，這種方法並不恰當。以前述的方式進行，可能時間會加倍，但是一開始對於問題就經常復習，不但會牢固記憶，也能使以後的理解度和固定度穩定下來。

以這種方法學習，到最後大致完成時，對於問題集的所有題目，就會像是多年的老友般的熟悉了。

◆問題集之輸入

那麼，具體上應如何學習問題集呢？

想解答問題，但幾乎都不能作答的學力水準情況，閱讀問題書上的解答和解說，然後寫在問題集書上。這種做法基本上和做「考古題」是一樣的。

多數的資格考試中，大部分從選擇題中，選出正確的答案出來。這時首先確認第幾號是正確答案。盡量不要看其他的選擇。然後以黃色的螢光筆，在正確的答案塗顏色。

閱讀解說時，先確認錯誤的選擇題在哪裡，盡量不要閱讀錯誤的內容，以黑筆改成正確內容。為了避免看到錯誤的內容，可以在錯誤處明確畫上××的符號。如果內容全部錯誤，無法更正為正確內容時，在整篇文章上打上××記號。

為什麼在此階段，閱讀錯誤的文章不好，因為其內容會殘留腦中，因此，有錯誤內容的選擇題盡量不要閱讀。

如果是填充問題，以紅色的水性筆，在括弧內寫下正確的答案。如果是用記號作答的部分，也必定要重新寫上正確的文句。在解說方面，需記憶部分，塗上黃色螢光筆，來克服形式上的問題或應該如何進行。

使用紅色水性筆寫上答案，再將紅色檢查板覆蓋上，如此一來，就看不見書寫的答案，其關鍵用意在此。當然最重要的是以填充形式出題機率很高，因此，填充部分應該比其他部分更須牢牢記住。

填充題填寫完畢後，閱讀問題的解答與解說，在必要處塗上黃色螢光筆。以黃色螢光筆塗上處，就是代表「自己應該記憶的部分」。雖然是一樣重要的部分，但如果已經牢記就不要塗上顏色。而且塗的部分應在一半以下。

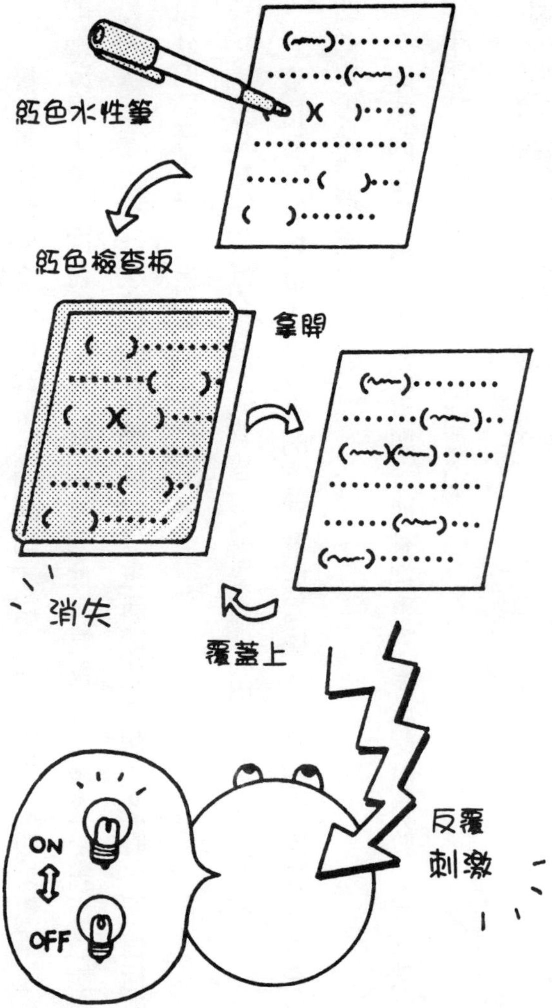
紅色水性筆
紅色檢查板
拿開
消失
覆蓋上
ON
OFF
反覆
刺激

即使對自己應記憶較好的部分有八成，但如果一半以上塗上顏色，就無輕重之分了。恐怕注意力反而會傾向無塗顏色的部分。

接著將紅色檢查板覆蓋上，回想剛才寫了什麼答案。如果想不起來的部分多，就一面蓋上，一面拿開，如此一直反覆至覆蓋檢查板也能想起的狀態。一次一次能回想起之後，再重新開始回想，此時，記住括弧以外的部分也是很重要的。

「分年級」的檢查板坊間有售，應可多加利用。

資格考試的場合，以以上的方式就能對應，但有關大學聯考，在第四章會再做詳細說明。

能將問題集輸入頭腦最重要，而且把重點置於記憶勝於了解，然後牢牢記住，可以增加能使用的知識。

◆涵蓋理解來記憶

所謂考試，對於創造力與獨創性完全不會質問，在考試時所必要的

背誦與理解

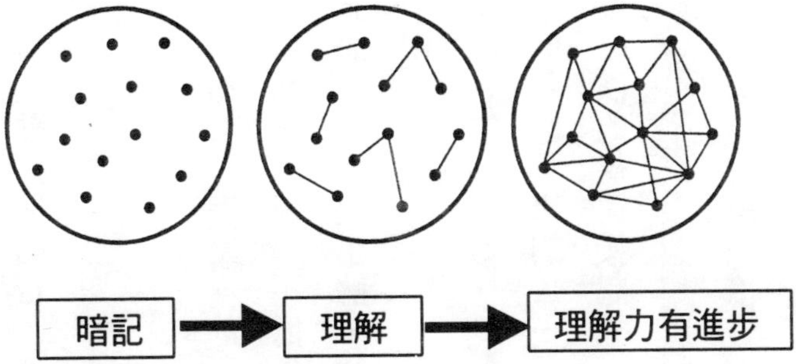

是，培養「在有限的時間內，記住有限的內容，加以組合而獲得分數的能力」。把所記憶的內容如何順利寫出之「記憶力」，亦即出口比入口重要。

雖然曾經記住，但考試結果卻變成「我已經記住，為何想不出來」或考試結束走出考場大呼一聲「唉唷！原來如此」，這種記憶就派不上用場。

能想出來的記憶，才是能實際派上場之記憶，因此，必須多增加必要的記憶最要緊。

但是，只是背誦也很容易忘

記。沒有知識之寬度，只是一個點的狀態，就不能使用在其他的問題上。應該理解某點與某點如何結合，然後再整個記憶下來最理想。如果數字改變就答不出來，或者選擇題順序改變就不了解，這種學習方式就不能得分。

重要的是，記住事件與事件的關連最要緊。例如閱讀某篇文章時，雖然以前曾經學習過，但還是不能理解整篇文章之含意。或許已經記住每一個單字的意思，但是要了解一篇文章，必須從各種具體的實例中，來記住語言的法則。

這麼說來可能會有人誤解，認為「理解比背誦重要」而不想去死背。所謂記憶，是把記憶下來的每一個點，加以理解後記憶下來。將每個點與點之間，以多條的線連接起來。可是如果沒有點就無法連接了。因此，不要猶豫，盡量記憶，因為頭腦的容量是無限的。

不僅如此，如果培養出記憶之習慣後，記憶所需的時間會縮短，記憶的速度也會加快。

◆問題集之選擇方法

即使了解問題集之使用方法，但對於沒什麼內容或不易使用之問題集，雖然用功學習也的確能增加一些實力，但最好還是不要選擇實際上難於精通之問題集。

- 順著出題傾向。
- 固定率高。
- 版面設計或印刷容易閱讀。
- 解說詳細（只有解答的不能使用）。
- 不要太厚。

重點

問題集首先重視輸入。此時，必須重視理解與記憶。

6 復習決定上榜

已經學習過的內容，為了保持再生記憶，必須持續復習到考試之前，要復習的功課，包括記憶筆記本、模擬試題筆記本、「考古題」、問題集等。

◆記憶筆記本

記載應學習的、必須記憶的、解答問題時遇到障礙等等的事項，使用一般的筆記本，切勿使用活頁筆記本。

假如你不了解某個單字，而不能解答問題，可是這個單字又是必須記憶的關鍵語，此時，就將這個單字用粗筆寫在筆記本上，記得多留些空白。最好用黑色或紅色的水性筆，因為視覺之故，容易被右腦記憶，記憶儲存後容易復習。

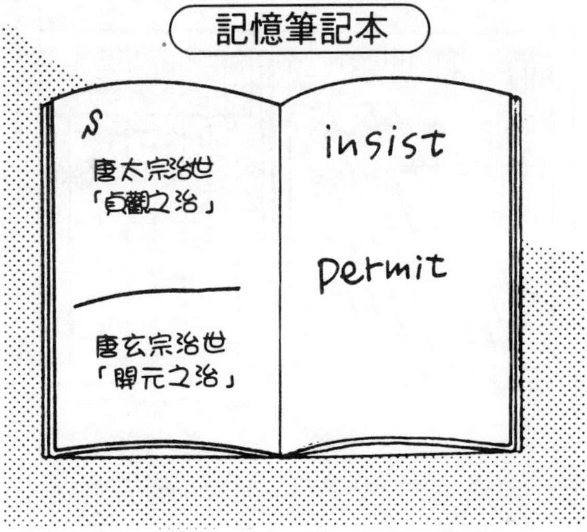

其次，假如你正在讀高級中學「歷史」，對於「唐太宗即位之後，勤於求治，事事以愛民為本。由於他具有雅量，肯接納忠言；又能廣延人才，知人善任……物阜民豐，天下安寧……後世史家因其年號貞觀，稱為『貞觀之治』。」記不下來，這時就在記憶筆記本上，以較大字寫上「唐太宗治世↓貞觀之治」。

這是依序記載在英文單字的次頁。不必區分科目記載，因為以科目分別記載，幾乎沒有什麼好處。

再度回想。為了記憶必須經常

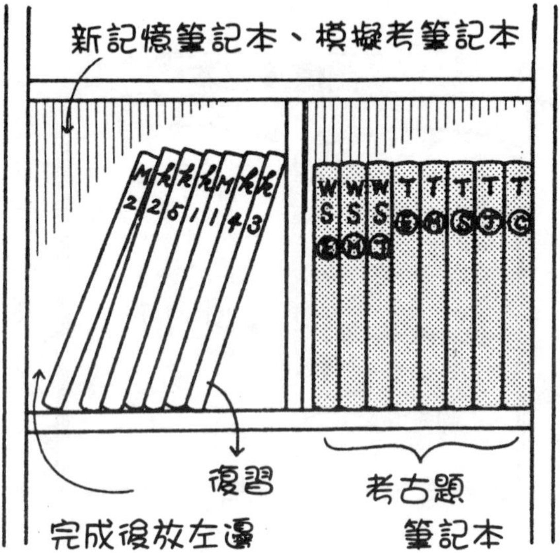

反覆回想，而為了維持記憶之內容，亦必須常反覆回想。因此就必須製作容易復習的系統。每隔一段時間反覆復習時，在同一時期所學習的內容放在一起比較理想。製作成一本記憶筆記本後，就寫上號碼，然後從右邊開始排列。復習時也從右面的筆記本開始。在記載完一本記憶筆記本之前，經常大致瀏覽以前的範圍，然後再向前進行，如此一來，在製作完畢時，可以說已經呈記憶甚多的狀態了。

為了記憶，必須反覆五次以上。但如果置之不理，這些記憶必會消失。記憶筆記本所記載的都是曾經記憶過的內容，因此，復習時只需使用短短的時間即可。復習過的筆記本就放在左側。完成記載的筆記本放在最左側。如此一來，筆記本的號碼就不會混淆，而把放在右邊的筆記本復習過後就放左側，這樣就可以適當的間隔來復習任何一本筆記本了。

◆模擬試題筆記本

不限於大學聯考、資格考試、公務人員考試等實施模擬考試的機會不少。模擬考試盡可能順著出題傾向，接受更大規模的考試、解答說明詳細的比較好。

接受模擬考試，必須在當天再學習模擬考試試題。如果只接受考試，只是解答問題而已，不能算是正式的學習。因此，在這時段，與其說是復習，不如說是一種適當的學習方法。為了便於學習，在考試時，可將考題或解答說明多拿一份或二份，如果拿不到，最好能拷貝一份。

自己解答、自己評分。答對的打○，不了解的打△，答錯的打×。閱讀解答說明時，要明確了解自己為何不能解答這道題。在筆記本的右頁貼上問題，左頁貼上解答說明，隨時都能翻閱。

這種筆記本科目不用分開，因為都是同時期考試的科目，所以以科目混合整理成一本筆記本，在復習時最有效率。以得分點來看，也是最好的方法。

了解自己的盲點在哪裡，才知道為何不能解答，而在能解答之後，也必須了解自己為何能解題、如何能領悟。因此，必須把正確的答案與解答說明一起理解。

這種筆記本和記憶筆記本混合放在一起，直至考試之前，以一定的間隔持續復習。

◆「考古題」筆記本

如上所述，貼有「考古題」的解答和說明的筆記本，問題不必自己解答，但配合學習時復習，能把得分點的力量，盡量能接近考古題之得分點。

◆問題集

在讀社會科目，看解答時在問題集必須使用紅筆填寫。在閱讀之後，再次對沒有填寫答案的問題集，用紅色檢查板蓋住重新解答一次，我曾經把這種方法告訴某位考生，但是他說：「這種方法並不適合他，不是自己解答的問題記不住。」

但仔細詢問他的情況，才知道他只是在問題集上記載解答，以這種方法記不住也沒有辦法。他缺少自己再解答一次、再記憶一次的技巧。因此，明確知道自己沒有記憶之部分，然後再反覆學習這部分。

以如此之學習法，在無意識中會對自己所理解的事物加以取捨選擇，因此，這本書也必須反覆多次閱讀。必須將其成為自己的知識，然後再依個人的情形來加以調整。

許多一流的運動員，有時候也會做出超出自己基本的動作，但其實他已將自己的基本動作學好才做得到。也有些手指精巧的畫家，在隨意塗鴉時，和一般人所畫的，即使有些相似，但其中還是有些微妙的不同。先將知識成為自己的知識再加以改良，應捨即捨，這種想法在任何領域都很重要。

重點

記憶筆記本、模擬題筆記本、「考古題」、問題集等，為能在考試當天使用，所學習之內容必須一直持續復習。

活用在一定時間間隔能復習之系統。

7 增加學習量之技巧

◆增加學習時間

常聽到有人埋怨「沒有時間用功」的聲音。但是「拖拖拉拉學習，不如時間短，但集中用功比較有效率」。

但在尚未確實達到上榜程度時，自己卻認為「獲高分、絕對沒問題」，因此，把能用功的時間，挪用在其他方面，就會產生問題。為了考上志願的學校，必須確實培養得分力，花再多的時間也不會嫌太多，應該考慮的是「如何集中精神，能持續長時間用功的效率」。

但是，即使自己開始解答問題，如果沒有使用時間限制，很難避免不會拖延時間。

◆計時器，增加集中力

解答問題也好，記憶某種問題也好，其學習量不能僅以用功時間來計畫。反之，學好同樣的問題，假定A同學花了一小時，但B同學用了二小時。以綜合的觀點，長期來看，已經有很大的差距。一小時決定一小時能消化多少的學習量，其最大的因素在於集中力。

這種集中力會因「截止效果」而增大。必須在何時截止的意識，會使學習密度增大。因此，活用計時器最有效果。能九十九分鐘計量的電池式計時器最好。可以準備桌上型、攜帶型二個種類。一台以九十分鐘、六十分鐘為單位，例如，用這段時間學習英語，或充當其他科目使用。另一台則將時間以五分鐘、十分鐘的單位使用於解答上。

此外，計時器在休息時間也能發揮其威力。經過一段時間用功後，一般人都會想「休息」，但情緒已經十分投入者，不必特意休息。不過有些學習內容，因有適度的休息，反而會提高學習效率也是事實。

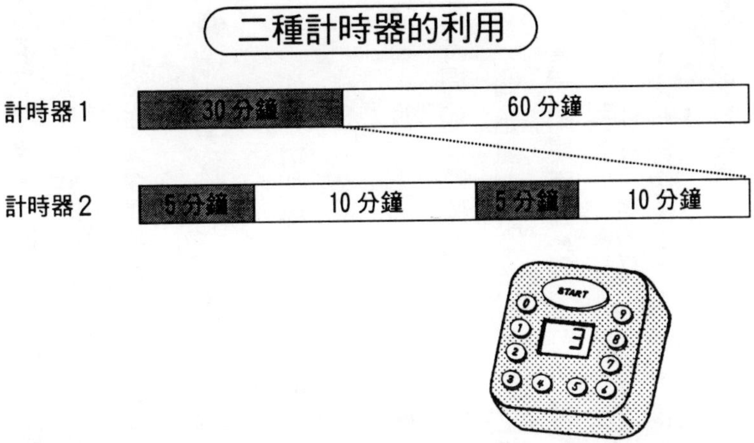

像在學校上課時的休息時間一樣，如果能確實的休息十分鐘就好了。自己管理時間時，如果不確實，到最後學習時間就會拖延，這時候，計時器就能發揮其威力了！

基本上休息時間以三分鐘最佳。視情況而定，有必要時設定五分鐘至十分鐘也無妨。總之，休息時間必須很明確的規定休息幾分鐘。而打電動、看電視都不是休息時間適合的作息方式。所謂休息是為了提高學習效率的休息，並非以休息本身為目的的。

休息是必要的，與其一直用功，不如在中間休息一下才能提高效率。

為了學習效率休息三分鐘，上廁所也是一種休息，休息十分鐘也可以。可能的話，使用以誘導腦波的頭腦檢定器(Brain Synchrotron)，做為產生旅遊至完全不同層次之星球的感覺，也能提高學習效率。

◆秘密武器！使用碼錶

能夠增加學習效率的最大秘密武器，就是這種碼錶。

例如，從早上九點到晚上七點在用功讀書，當然並非十個小時都在讀書，實際上的用功時間可能只有五個小時左右。在這種情形之下，用功時間最好能確保有九個小時。

開始學習時，以碼錶測定學習時間，當然如廁時間碼錶必須暫時停止。開始使用碼錶後，對學習的確有效率。亦即，一般的讀書時間，實際上的用功時間有時不滿五成，但使用碼錶時，例如，從下午一點到下午六點在讀書，沒有使用碼錶，用功時間可能只有三小時，但使用碼錶就可能會接近五個小時。

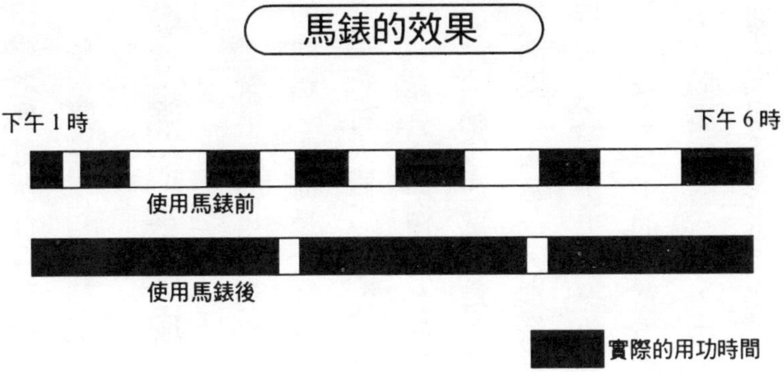

附帶在手錶裡的碼錶不可使用，有碼錶功能的才可以使用。最好能計算二十四小時的比較好，在碼錶表面貼上能用鉛筆書寫的貼紙，然後記載當天的目標時間。

開始計時後，在中途暫時停止時，會發出「嗶」的聲音，所以不能在圖書館使用，因而不太理想，應選擇操作時不會發出聲音的碼錶比較好。

計時器和碼錶，是兩種能增加學習時間的秘密武器，必須今天或明天馬上去購買，而且這兩種東西在考試後還有利用價值，所以不要吝惜，切勿要購買其他物品時才順便購買，必須特地到電器行購買最要緊。再重複叮嚀一次，附帶在手錶的不能使用，必須買專用的碼錶。

◆準備讀書環境

讀書時使用何種桌子和椅子，或者桌子周邊如何整理，都是很重要的問題。座椅是否舒適，對讀書有很大的影響，所以，座椅之坐的部分必須符合人體工學的曲度。

辦公室使用的有輪子的椅子不理想，而坐的部分也必須十分寬敞。另一項應該注意的是，椅子和桌子的高度。桌椅的高度必須調整到適切的高度，因為一天裡幾乎有長達十小時的時間在桌前用功，和上班族工作時，放置桌子的方法有所不同。

考生桌子的放置方法，桌子面牆或靠左側放置，在牆壁與桌子間留下一個座椅的空間，出入由右側，盡量避開能自由通過的空間。房間外面的風景不能進入視野，與讀書無關之物，亦不能放在手可觸及之處。

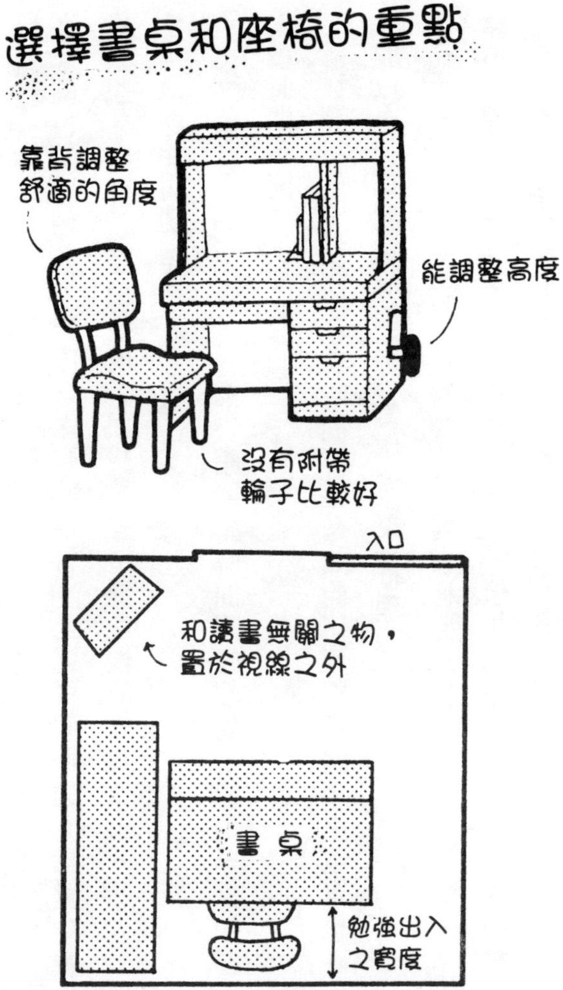
選擇書桌和座椅的重點
靠背調整
舒適的角度
能調整高度
沒有附帶
輪子比較好
入口
和讀書無關之物，
置於視線之外
書桌
勉強出入
之寬度

桌子如此放置後，人要離開椅子比較困難，因此能防止想「稍微休息」的次數。學習以外的事物避免進入視線，能提高學習集中力。

在圖書館（或補習班自習室）讀書時，也是非常有效率的方法。有人在像圖書館這種多人集中之處難於學習，但這種個性的人畢竟少數。一般來說，雖然這種個性的人很少，但這種個性的人，只要一個人一個座位，他就能用功讀書了。

要利用整天的場合，在圖書館開館時間剛好趕到，或稍早抵達亦可，這種時間和開始上課時間是一樣的。

雖然前往圖書館要花費時間，但是如能使用圖書館，坐電車也應前往，能以自行車到達的範圍，當做運動也很理想。

如果和朋友一起去，位置最好不要在彼此視線之內。因為如在所謂的休息時間浪費太多，就不要與人同行。但如果和學習精神好的朋友一起去，則益處良多。

如果沒有其他的事，最好從開館到閉館能一直在圖書館。因為了解休館日和開館時間，所以在筆記本中的中期計畫，可包括到圖書館的日期和時間。

不僅要抓住計畫之節奏，在暑假或星期日如果太晚到圖書館，就恐怕沒有座位，或者只能坐在比較差的位置，所以盡量在開館前抵達比較好。

◆成功報酬產生集中力

儲蓄上榜能量，產生集中力的方法就是「成功報酬法」。

這是依靠「上榜後我要到夏威夷旅行」「今天若用功十二小時，就可以看一次喜歡的錄影帶」「模擬考若得到A，就可以買一張CD」等等，自己給自己獎勵，來提高實行的動機。

這好像是自己和自己訂契約一般，但為了避免變成曖昧不明，這種成功報酬必須記載在紙上。如果只是口頭約束，因為只是和自己約束，容易變成放鬆，因此，不妨簡單買個契約書製作契約，例如：

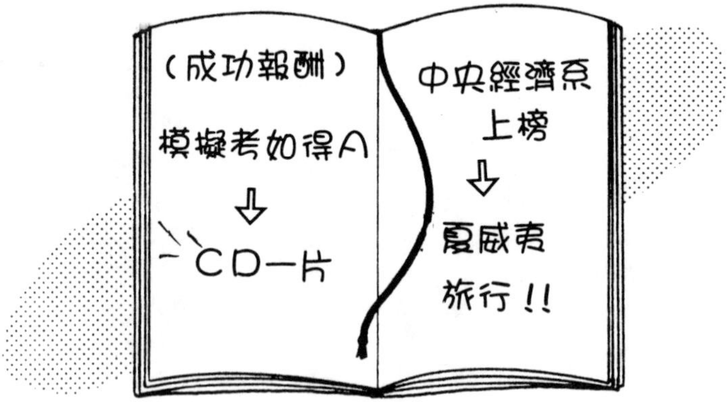

「大學聯考第三次模擬考成績A→CD一張」。

這種簡單的記載即可。使用筆記本所規定的頁數，明確的記載。

當然，如果有時不能獲得好成績時，可是又很喜歡那個獎賞，可將之視為下次的目標而繼續努力。

◆焦急引來集中力

不要認為到考試前還有很多時間而心情過於放鬆，要知道時間是很寶貴的。

假定到入學考試還有十個月，總共三百多個日子。一天平均用功八小時，就有二千四百小時，但是能確保有那麼多學習時間的人太少。再加上上學、工作、上補習班等，能充當自己的學習時間就更少了。當然在補習班或學校的時間所使用的方法，比在自己家裡用功更具效果。但非自己用功不可的情況也相當多。

占入學考試必須用功的部分，就是自我學習，這是授課無法代替的。因此，必須有一種自覺，亦即能自我學習的時間實在不足。

除考試的倍率剛好一倍之外，通常是普通級三倍以至數十倍，因此落榜的人會更多。

如果學習的方法和別人一樣，那麼必定會落榜。只有比他人增加學習量，才能提高得分力，否則就不能上榜了。

以「考古題」而言，假定考試科目是五個科目，解答一個科目需要二小時，配合這種解答到完全了解，所需要的復習時間為四小時，那麼學習十年份所需要的時間是：

$$(2+4)\times 5\times 10=300\text{（小時）}$$

參加國立大學或私立大學的大學聯考時，即使只考前後五年份的考題，但需要使用更多的時間來用功。假定問題是一百題，一題需要二小時，那麼也要花費二百小時。對於真正了解的問題集製作各科三科目，是很龐大的作業。

確保比別人更多的學習量，培養更多的得分力，時間是不夠的，有這樣的自覺，可防止拖拖拉拉過日子，在考試的一年前直至半年前，可以確保學習量。當然因焦慮而不能用功是無意義的。這種人反而必須放輕鬆。但是，在考試之前以外出現了很小的症狀，而且這種焦慮並非自覺時間不夠所引起，而是無法用語言表達的不安感所導致。要克服這種焦慮，在第二章就能完全解除。

面臨考期的考生如果太輕鬆，和他人一樣度過這個時期，不但不能考取第一志願，甚至會落榜，那就必須再等待一年了。

「直至考試當日，自己能擁有的時間不夠。」

應把這種客觀的事牢牢記在心上。

◆累積細小的學習量

在日常生活中，細小的瑣碎時間不少。上課的空檔時間，等公車的時間，從二、三分鐘到數十分鐘不等。在一天當中，在學習上能使用的時間實在不少，因此，這種所謂的瑣碎時間千萬不要浪費，有人認為這是休息時間，但沒有必要把這種時間都用在休息上面。在這些時間中，

走路、換車不能充當學習，因此利用這些時間休息即可。

電車可以說是最好的活動學習室，應該使用在學習上。在都市裡上班、通學的時間，大部分要半個小時以上。來回就有一小時；如能好好利用這段時間，在整個全體學習計畫上比重可謂不輕。

所謂的記憶，最初和最後記憶的最容易固定。如果有五分鐘的空閒時間，就不要無所事事的度過，應該好好利用它來學習。為此，決定該時段的瑣碎時間（二十分鐘以上的乘車時間除外）後，而準備能立即使用之狀態。復習昨日的功課，學習當日的功課均可。

本來以碼錶計算時間的，應過於繁雜，使用瑣碎時間，則不必計測。

◆情緒轉換有妨礙

不必特地轉換情緒。

常聽到有人說：「學習至某程度時，必須轉換情緒。」但其實這種說法毫無意義。

經常保持「學習情緒」是很重要的。一些還未做的工作，想利用不讀書時來做，例如，打掃房子、處理通訊簿等，如果在開始讀書時就想這些工作，就會以此為藉口「轉換情緒」。可是在已經有學習情緒時，會呈現負面效果，因為好不容易擁有學習情緒，卻又去做其他的事，就會變成「非學習情緒」。

有人說「自己轉換情緒做讀書以外的事，不久反而更想學習」，這

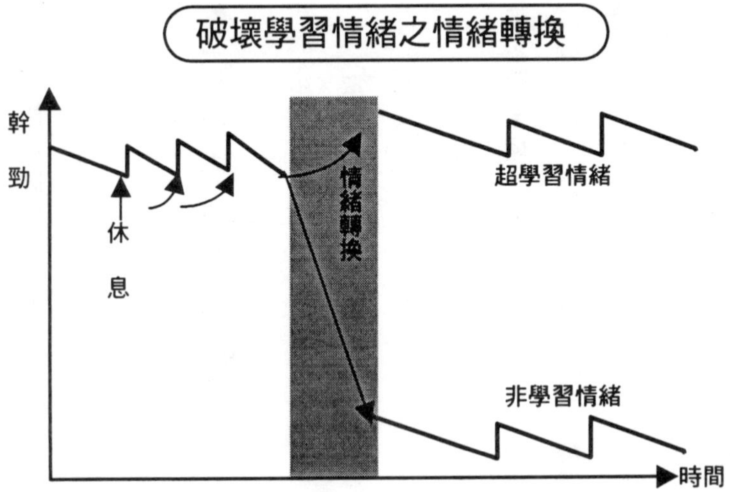

的確也是事實。但有些人因想用功而開始讀書時，反而會想做讀書以外的事。因此，勿以「情緒轉換就會想用功」為藉口來轉換情緒。

這種做法和「戒菸很簡單，我一年戒了三十次」如出一轍。

持續學習一個科目，的確會厭煩。即使再好吃的食物，每天吃也必定會厭膩。這時候，把優先順位的科目稍做調整也無妨。如此一來，就不會破壞學習氣氛，亦可排除厭膩感。

前述，休息是絕對必要的。與其一直持續讀書，不如以三十分鐘、九十分鐘為單位，再加入休息時間，反而會提高學習效率。但這些休息並非情緒轉換。好不容易才產生「學習情緒」，不能以打電動或看電視轉變成「非學習情緒」，這是不妥的。

有效果的情緒轉換，是把「學習情緒」轉換成「超學習情緒」。如同使用第二章「上榜的心理技巧」，上榜錄影帶的方法一樣。如果接觸情緒轉換，會產生激烈的幹勁時，即使用了三十分鐘也不會有負面效果，反而有正面之效果。

◆即使再忙，學習量也會增加

常聽說「拜託他人工作時，應找忙碌的人」。但也有人可能認為找有時間的人才能幫忙。這雖然是事實，但是這些人做事有時反而會拖拖拉拉，有時趕不上截止時間，或者成效不佳。但忙碌工作的人，雖然再加一件工作，卻因了解使用時間的方法，反而能順利完成的居多。但在此所謂的「忙碌的人」，不是指做事無要領而忙碌的人，而是說工作量雖多，也能有卓越成果的人。

對學習而言，埋怨「沒有時間」是不應該的。有意識的研究時間的使用方法，就能以最大的效率來使用時間。這些人他們使用時間總是綽綽有餘。但沒有幹勁的人，就不會有這種想法。例如「高明使用時間者，就會把學習量增至五倍」。但他們因為希望輕鬆休息多睡一會兒，還是維持現狀而不求改進。

擅用時間的人，就算和以往相同的時間，卻能使學習量增加數倍。以往想休息的時間，也均用來研究課業努力學習。

但沒有幹勁的人，怕麻煩且努力不足。對於這種人，需活用第二章，但首先必須先提起幹勁。

◆活用時間秘訣①　區隔短期期限

被委託三、四小時的工作，而對方交待「三日後完成」，從開始到完成，可能三天就能交差。但如果對方說「不急！二個禮拜後完成即可

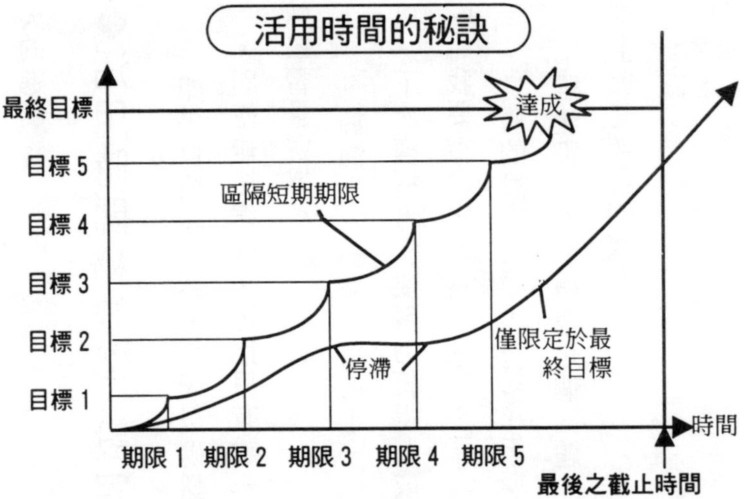

」，結果開始工作的時間，可能是在截止的數日前。因為認為反正還有很多時間而拖延。在委託他人做事時，除非對方非常忙碌，否則在不勉強的範圍內，都能在盡短的時間完成。反之，有充裕時間的人，反而無法在期限內完成。

假定學習問題集，設定在最短的時間內完成，萬一遇狀況無法完成時再行變更。如果以「在半年後將問題集完成」這種設定不成。

應該是「在一週內做完第三章」等方式來設定期限。然後再以每天所做的「優先順位法」決定每一天的進度。

◆活用時間秘訣② 設定具體目標

如果目標設定為「今天以碼錶測量，實際學習時間訂為十四個小時」，即使無法達成，也比只有說「今天要加油！努力用功」有效果，因為學習量會變多。

「加油！」「努力用功！」「上榜！」這種說法雖然不錯，但如果以「下次模擬考我要努力獲得九成解答」「從現在起要拚命用功十小時」「我要考上中央大學經濟系」，可能效果更卓越。

具體的設定目標，容易產生形象，也容易達成。

雖然設定太細微也是個問題，但設定具體的自標，在時間的使用效率上會有顯著的效果。

A同學的情形
好！
加油！
…不知道能維持幾小時
B同學的情形
好，今天用功14小時，加油！
14小時

◆活用時間秘訣③ 立刻開始工作

把今天能做好的工作，以「找時間再做」或「明天再做」等做藉口，等於永遠不做一般。各位閱讀本書後，了解擁有計時器和碼錶的重要。今天有時間去購買，卻說「有時間再去買」，可是轉眼就會忘記。偶爾經過電器行才想起，或過一段時間再閱讀本書時又發現「應該如此」，才上街去購買。

當你發覺汽車雨刷洗淨液用罄時，應能立即上街購買，卻想「有時間再去買」，但或許在你尚未購買卻又遇雨，這時，因不方便才感到害怕。

在雜誌上看到喜歡的東西，本來想買卻想「有時間再去買」，在不知不覺中又忘記。等到你再翻開雜誌或發現友人也擁有，才又興起購買興緻，但此時或許已賣完，讓你失之交臂。

總之，想到什麼時所引起的動機是最大的因素，想到「以後再做」

賦與動機和時間的關係

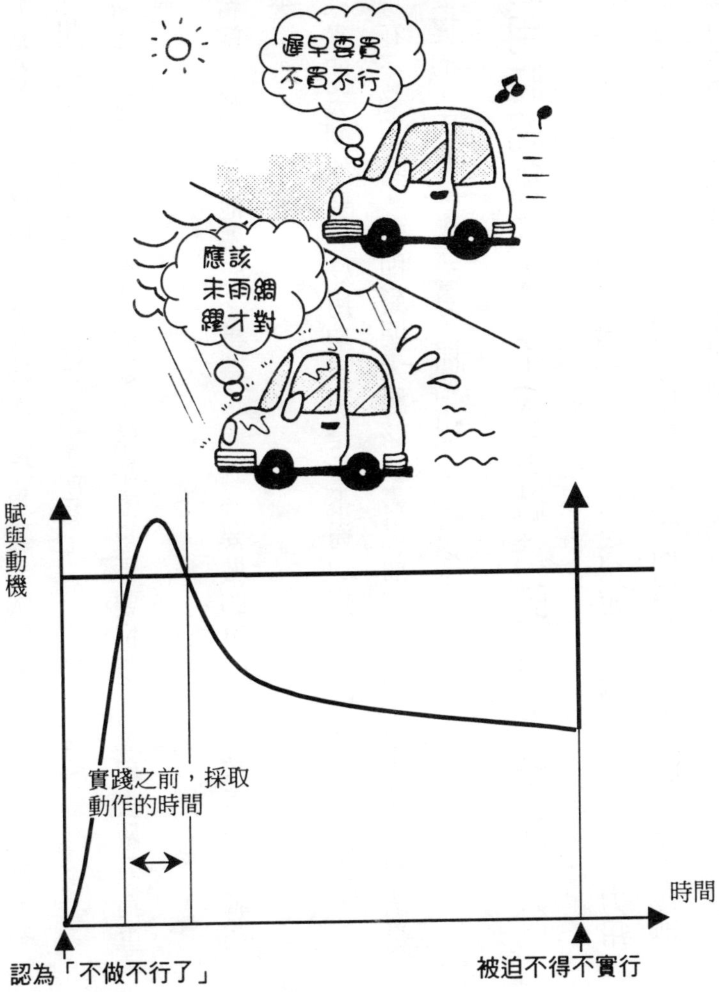

，或到最後不得不做時，或其他人讓你想到「做什麼」時才會去做。一旦再想起之事，就有逐漸消失之命運存在。

所以，應該自覺這樣的問題，做事盡量不要拖延，立刻去做最為重要。

希望先辦理其他優先之事時，看到「要做的事」，應該馬上記載在筆記本上。

「從明天開始要好好用功」那是行不通的想法。所謂「明天起」，表示現在不必用功。亦即到明天應該讀書之前，現在不必用功之想法是不會改變的，因此，應該當下開始用功才可以！

◆活用時間秘訣④ 不了解做法時立即請教他人

「要好好做完這本問題集」，對於自己決定的問題集，拚命努力用功的態度值得稱許。但是如果心中想「這本問題集好不好呢？是不是別本比較好」而產生疑惑時，就會浪費時間而使自己無法專心一致。

閱讀數學解答還是無法了解，或者閱讀英文文章翻譯也不能理解，抑或對現代文章的解答無法體會時，千萬勿自己拖拖拉拉繼續思考，對於在有限時間內，必須培養得分力之入學考試，這種學習只有浪費時間而已。

本書是針對「在有限時間內，如何有效率的培養得分力」所撰寫。因此，從未考慮英語能力，或成為數學家或作家等有利益之事。

入學考試僅問「如何在短時間內記憶，並且自由組合把答案寫出來」。因而不管是學習的方法，或教科書的內容，如果有不了解之處，必須趕緊請教別人才能節省時間，而且也能夠領教到更好的學習方法。

◆活用時間秘訣⑤ 暫且做做看

「培養實力以後」切勿毫無意義的辯解，不接受模擬考試，雖然說不接受模擬考試，但該階段的實力也不會有所改變，可是如果不接受模擬考試，就不知道自己的實力有多少。不能了解模擬考的出題方式或沒有學習之處，因而不參加模擬考，是一種負面的做法。

對「考古題」也是如此，等培養更多實力以後再說的想法是錯誤的，不管模擬考也好，考古題也好，就是要去培養實力，了解如何學習之方向性，也能培養實戰力。而參加考試，也並非有萬全準備才去應考，而是以「暫且考考看」的心態去考試最重要。

有關問題集，雖然花費在挑選，不知如何抉擇哪本的情形多。在這

4
我暫且
接受
模擬考
等我培養
更多實力
以後……
申請
5
6
哇！
非更用功
不可！
7
8
唉呀！
成績不行了，
來不及了
噢！
成績提
高不少
12

種情形下，首先購買一本回家，實際用過後再檢討，金錢的損失應不是太大的問題，的確每本都寫一半太浪費。可是如果決定一本之後，就必須自始至終認真的學習。如果不知要用哪一本，或不知該如何學習，在此階段自己浪費時間思考是不智之舉，姑且抱著暫且做做看的心態去行動吧！

◆活用時間秘訣⑥ 勿成為完美主義者

有些人使用問題集，對於自己感到有疑問的問題，非全部調查清楚不可。即使有不了解的用語，但僅對於考試而言，只需背誦即可的用語也不少。對於背誦下來就能有用的問題，每一題都加以追根究柢，時間就會不夠。入學考試對準備只要求「在有限的考試中，培養一定的能力」，因此和研究學問的方法是迥然不同的。

在學習過程中，對於引起興趣的問題，自己想研究我是非常贊成，但切勿認為這是有關入學考試之學習，就像打電動一樣，讀書以外的時間去做就可以了。例如，對世界史產生興趣，認為有疑問處，想徹底的去研究，閱讀了數本之專門書籍，如此一來，世界史這科目可能會獲得滿分也說不定。如果要成為學者的話，這種做法當然值得稱許，但顧此失彼，使其他的科目不能提高分數，做為應考生，這種學習方式是失敗的。

只需記憶即可的問題，記住就好。如果想真正的理解透徹，就在讀書以外的時間去研究，或等考完再去探討吧！

在實際的工作上，想做得十全十美，多半需要無止境的時間，太過於完美主義，就會影響其他的工作。也常會因趕不上工作期限，而無法獲得好的結果。有完美主義傾向的人，常常不能判斷在何種程度應該有所決定，因此，若被貼上無能標籤也是無可奈何之事。

有能力的人，他會觀看重要科目所花費的時間，對於不太重要的科目，簡單跳過去就可以，必須具備這種判斷能力。

對於「考古題」和問題集，也不必全部精通，不會的再重複即可。對於特殊問題和上榜者也無法得分之難題，可以無視其存在。重要的觀念是，我們並非要獲得滿分，而是要獲得上榜分數。

重點

使用所有手段增加學習量。

努力建立對學習最適合的環境。

8 生活革命提高學習密度

◆對頭腦有益之飲食

飲食不僅對健康，對頭腦的使用也有很大的影響。使用頭腦不可或缺的是葡萄糖。細胞若沒有葡萄糖就不能製造熱量。那麼砂糖和甜果汁對頭腦有益嗎？完全相反，這種不可或缺的糖分若攝取過多，反而會導致葡萄糖之不足。

攝取砂糖等糖分時，分解葡萄糖的單糖類立即被小腸吸收，因此血液中的糖分就會呈過剩的狀態，如此一來，從胰臟會大量出現膽固醇，糖被肝臟等體內的細胞吸收，血液中的糖分就會不足。實際測定時就會了解，尤其攝取砂糖時，這種下降的情形更為顯著。

血糖值不安定，就不能靜心用功讀書。想提高血糖值，而分泌腎上

腺素等之賀爾蒙感到焦慮也是原因之一。以結論而言，就是不要喝清涼飲料或碳酸飲料，或有添加糖分的甜味飲料。罐頭咖啡也要喝無糖的較好。

口渴時，如要從自動販賣機購買，應該選擇綠茶或烏龍茶，如果希望喝到甜味飲料，就喝使用人工甘味之飲料。

另外一種對頭腦有不好的影響的食物是肉類、蛋、油等含膽固醇的食物。攝取膽固醇過高的食物，對頭腦有不好的影響。需要蛋白質時，魚類、豆類的攝取比率可以多

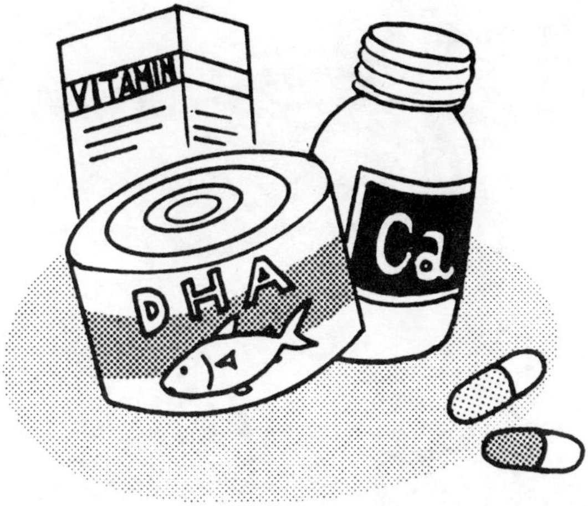

些。魚類，尤其是秋刀魚、沙丁魚含有豐富的、對腦的機能有幫助的DHA（二十二碳六烯酸）。

有關DHA，實際上是否真正能提高人的學習能力，這一點我亦無把握。我服用含維他命B的DHA飲料，但並未感到有效果。正確的效果，可能要依靠今後的研究才能了解。但還未看見研究結果的現在，還是限量的攝取比較好。

其實有關腦的營養，依靠飲食即可。但僅靠飲食來攝取營養的做法，是必須積極的攝取對能力有增加效果的食物。

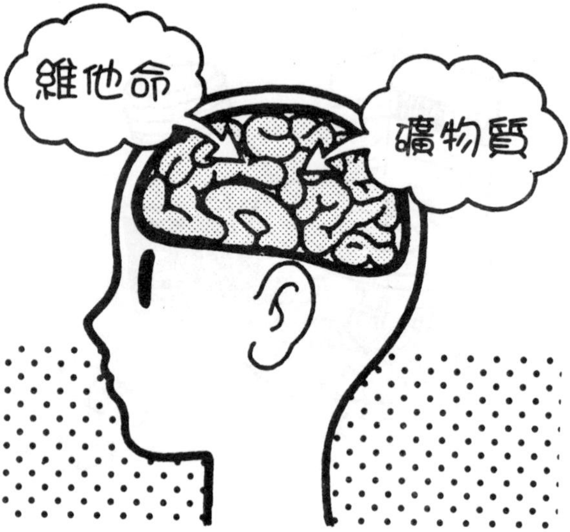

這些營養就是維他命與礦物質。在各種維他命中，對提高能力有幫助的是維他命B、維他命C和維他命E。但其中維他命B最具功效。維他命B不足時，會累積疲勞物質之乳酸，出現打哈欠、消失幹勁等，這點在此不做敘述。因此，攝取含維他命成分劑片是很重要的。

維他命B和C是水溶性的，所以攝取過多亦無妨，多餘的部分自己會排出體外。

雖然維他命E是屬脂溶性，但過剩似乎也無太大弊害。

礦物質包括了鈣、鈉、鉀等，

採取最有效率的攝取方法

但對能力有幫助的則是鈣。一般人很難攝取足夠的，就是鈣。過一般飲食生活的人，常會導致鈣之不足，需要充分攝取鈣。並非只有成長期的孩子，連大人也都必須積極的攝取。

想到鈣，就會立刻想到牛奶。但牛奶飲用過多，容易造成內臟的負擔。此外，海藻也可以做為鈣之供給來源。建議可多攝取，可惜吸收率並不高，不過盡量攝取也是好事。

總之，服用鈣片或含鈣之液體也是很重要的事。但有些錠劑吸收率有些差異，所以選購時必須留意。

◆驅逐侵蝕學習時間之惰眠

英國的心理學家兼睡眠研究家雷．梅迪斯，在其『睡眠革命』一書中說：「現代人的睡眠習慣，是繼承於和今日生活方式完全不同的原始人。原來動物的睡眠，是以安全度和節約熱能的方法來決定的，因此，對一切物質都豐富、方便的現代人來說，八個小時的睡眠是毫無意義的。」此外，他又說：「對人類來說，真正需要的睡眠時間是四小時，如果了解睡過四小時就是一種奢侈，那麼有關多數的失眠的煩惱就可一併解決了。」

愛迪生以睡眠時間短而聞名。他說：「多數的人攝食過多、睡眠過多，這樣對健康是毫無益處的，不但有害處而且無效率，睡八個小時、十個小時的人，其實都沒有真正入眠，因此，也無法完全清醒。」

有不少人說：「自己不睡八小時，整天無精打采昏昏欲睡，所以一

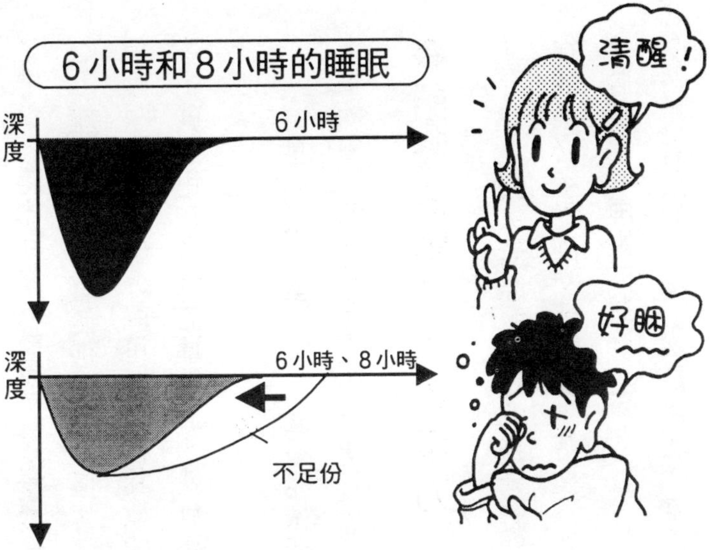

定要睡足八小時。」但其實這是睡眠品質密度不充實所引起。亦即，持續在淺眠中，雖然身體在休息，但頭腦卻沒有得到休息。

的確，平常睡八小時的人，如果只睡六小時，白天也會昏昏欲睡，腦筋也不清楚。可是持續睡六小時仍感不足的人，就需改善睡眠品質，可能有妨礙睡眠品質之原因存在。

在學生時代，睡眠品質好的朋友，畢業後擔任官職或當醫師。常常工作至深夜，已經是很平常的狀況，因此也都能適應。其中也有過了中午一時才回家，然後再看看錄影帶，或每天只睡三小時的人。

雖然每個人有個別差異，但暫且以「超過六小時的睡眠是惰眠」為信念，多餘的部分就可以用在其他的生產活動了。如果是面臨聯考的考生，就能用在考試的準備上。就算是應考生，也能暫且用在其他的活動上。

可是如果持續惰眠，就不能做任何的活動了。因此，首先縮短睡眠，把節省下來的時間，使用在自己喜歡的活動上。

◆頭腦清晰才有集中力

早上起床若睡眠曚曨的拖延時間，就是浪費時間。白天醒來時，自律神經必須從副交感神經，轉換為交感神經，必須排除身體已經醒來，而腦袋還在睡眠的狀態。

最有效的方法，就是起床後立即淋浴。

此外，晨醒不能以鬧鐘來喚醒。如果以鬧鐘的聲音強制喚醒，多數

是在睡眠的周期中被吵醒。因此，必須以自發性的，以自己的體內時鐘來喚醒自己。為此，在睡前必須叮嚀自己起來的時間，並且要切記自己絕對能在規定的時間內起床。暫時把起床時間寫在紙上，每天睡前放在枕頭下，如果睡過頭，就是沒有把起床時間明確的輸入頭腦所致。起不來就是沒有輸入，要不然就是輸入錯誤。

◆提高學習密度、降低學習密度之因素

各位可能聽說過「邊學邊做」這句話，也就是說在做其他事情時，同

時也在學習。這種做法雖然有時有助益，但反之，有時卻也會妨礙學習。

有關「如何在短時間集中精神，習得高密度的內容」，這種做法有正面作用，亦有負面作用。

噪音是妨礙集中力的因素之一。例如，在圖書館裡讀書時，最怪異的聲音，不是馬路車行的聲音，也不是隆隆作響的空調聲音，反而是喊喳喳說悄悄話的聲音，或者便利商店塑膠袋窸窸窣窣的聲音。這些聲音容易使人分心。在自家讀書時，家人或鄰居所發出的聲音也會造成噪音。

所謂「只要集中精神就不會在意」這是粗線條者所說的話。好幾小時不休息，持續集中精神並非易事。對於噪音，與其以安靜來對抗；不如以聲音來對抗。邊聽音樂邊讀書，讓籠罩四周的音樂發生作用，也能增加較多的集中力。

聽音樂以古典音樂最為適合，流行歌曲亦無妨，但有人說有歌詞的

歌曲會對左腦產生作用，較不適合，但只要反覆聽幾次後，對歌詞就不會再去費神了，但是最好還是聽西洋歌曲比較好。

我曾看過邊看電視邊用功的應考生，覺得很驚訝。這算是在用功讀書嗎？邊看電視邊讀書，是絕不可能有學習效率的，聽收音機亦然。即使沒有講中國話的ICRT電台也是一樣，絕對不能給予讀書的效果。「邊做邊讀書」，只會讓人陷入錯覺罷了。

重點

改善飲食、睡眠的生活，進行考生生活革命。

第二章 上榜之心理技巧

1 自己製造幹勁

◆首先提起幹勁

雖然心中了解非用功不可，但卻不易提高學習心情，也不能提起幹勁。開始用功之前充滿幹勁，但幾分鐘後就如洩氣的皮球，提不起精神來了。其因何在呢？奧運選手犧牲一切，每天辛苦的訓練，其動力在於其腦裡明確描繪著，自己獲勝時那種美好的影像。忍受登山的辛苦，也是心中明確擁有攻頂之清楚形象。因而對於肉體的苦，就不會感到苦，反而變成一種喜悅。

在準備應考時，如果能在腦海裡，明確描繪自己取得某種資格，或放榜的情形，以及因考取而展露活躍榮姿之形象，也能引起學習意願，即使有時希望做做其他事情，也能加以克服而集中精神繼續努力。

1

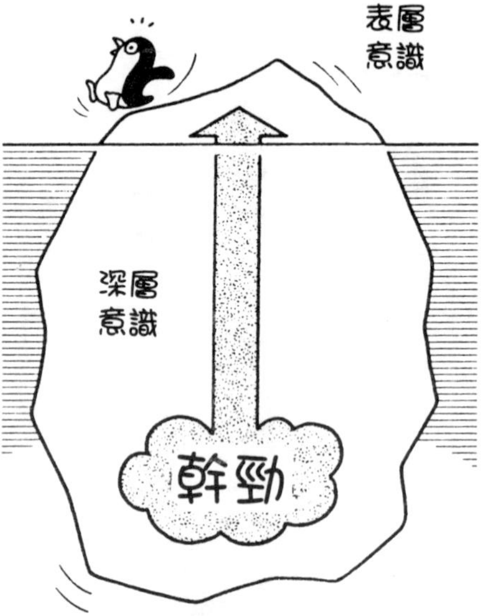

◆自己製造幹勁

「幹勁」發生源在於深層意識。因此，即使表層意識了解「非做不可」，但如果在深層意識沒有「幹勁之源」，就不能擁有「幹勁」。

為了準備考試的努力，絕非是件辛苦的工作。反而是邁向目標的快樂路程。的確，這條道路因為考試，必須超越許多困難的問題，但卻不辛苦。在肉體上或許有辛苦的情形，但是只要有明確的目標，精神上應該不會有辛苦的感覺出現才對。

◆形成學習熱量——幹勁

因為沒有幹勁，而不能開始學習的人，不能因為沒有幹勁，而只想等待幹勁出現。因為從現在到考試前之寶貴時間逐漸減少，而且即使心中湧出幹勁，但或許會立刻消失也說不定。

也有一種「雖然有幹勁，但卻無法用功」的人，不想開始用功的這種「幹勁」，和此處所說的「幹勁」完全不同。前者只是了解非用功不可而已。而所謂為了上榜所擁有的幹勁，是指能成為學習的原動力——熱能。

這種幹勁是從深層意識湧現出來，即使在表層意識了解非用功不可，但基層意識沒有幹勁意識時，就會變成「雖了解但不能執行」之狀態。亦即，雖然了解非做不可，但卻很難實現。

但這種「幹勁」輸入在自己的深層意識中，就能自然形成。

◆輸入的東西

輸入深層意識的是「達成目標的情景」，把這種情景明確的映像化（視覺化），描繪到和現實混合的細部。因為只是想像並不能達成目的。做為自己現實所看到的情景來描繪，是極為重要的事。實際上遇到喜悅的場面時，必定會隨伴感情，因此在想像描繪時，必須賦與興奮的感覺。

輸入在深層意識的另一種東西是「語言」。這種語言有二種：一種是「目標語言」，另外一種是「

積極的、肯定的語言」。目標語言是將「某月某日上榜」的字樣寫在紙上，每天觀看並朗誦。所謂「積極的、肯定的語言」，就是絕對不使用消極、否定的語言。只說積極、肯定的語言。將「不可能」變成「可能」。把「或許會落榜」變成「絕對會上榜」。

語言的力量非常大，從自己口中說出的話，雖然表層意識會忘記，但也會對深層意識產生作用，而左右人的行動和思考。以生物回饋裝置來監視時，能觀察到自言自語對身體帶來的影響。心臟、血管、體溫等是由自律神經和賀爾蒙來控制，但會受到自己語言很大的影響。因此從口中說出的話，必須是積極、肯定的語言。

重點

把自己幹勁之源輸入深層意識，就能引起幹勁。

2 使用人類隱藏的力量

◆人類隱藏的力量

有一則非常有名的故事。大阪有一位住在四樓公寓的主婦，把幼兒留在屋內，而獨自上街購物，當她回到公寓附近時，親眼目睹自己的孩子從四樓陽台掉落下來，這時她拚命奔跑，竟然接住了掉落的孩子。據說計算其速度，超過了奧運選手的速度。而且從四樓落下之物，重力加速度，其重量會致使手臂折斷之重量，大約這個孩子此時的重量是四百多公斤。

本事例和「火場的蠻力」相同。這種所謂「火場的蠻力」，來自遇到火災的老婆婆，扛著三百公斤的金庫逃跑的故事。在南美洲厄瓜多爾的一家醫院，有些不能站立的患者住院，但因大蟒蛇侵入醫院，不能站

立無法步行的患者，因不想成為蟒蛇腹中食，而忘我的拚命奔跑，一瞬間這些患者都能走路了。

據說人類的能力，平常只使用十分之一。但在興奮或拚命時，就會喚醒本來的力量，而發揮出驚人的力量出來。

但因常年所吸收的常識，或幼小時聽他人說過否定的語言，因此，對於自己能勝任的事也認為「我無法做」「我辦不到」。

◆改變意識

父母在孩子幼小時，尤其在

上幼稚園以前，如何培育或說何種語言，對孩子成長後的人格形成有很大的影響。如果父母對孩子說：「你自己能做」，那麼「你能自己做」的資訊，就會輸入孩子的深層意識中，因而能做就是理所當然的事。

反之，在中小學時代，被指責「你頭腦不好，非加倍用功不可」，長大就糟糕了。因為「自己頭腦不好」的資訊，已經深植深層意識裡了。變成即使再努力也得不到良好的成果一般。如果孩子持續被指責「笨瓜」，就會變成真正的笨蛋了。

愛迪生在學校被視為成績不佳的孩子，但是母親卻不斷的告訴他：「你頭腦非常好，是個聰明的孩子，只是老師不了解而已。」於是母親自己教導，而沒讓他再繼續上學，這個故事非常有名。

嬰兒出生後，會以很快的速度建立腦之構築。因此，對不能充分以語言表達，未滿二歲的孩子有很大的影響。即使嬰兒聽不懂，也應該輸入積極、肯定的語言。因為深層意識會將全部的話記在腦海。

但我們已經無法回到嬰幼兒期，如何才能對自己的深層心理，用積極、肯

定的資訊，充滿於深層意識，並取出深層意識之力量，方法是引用「稀釋法則」。

假定自己的心是一個湖泊，這時湖泊充滿了以前輸入的肯定的資訊、否定的資訊、積極的資訊、消極的資訊等等。肯定的、積極的水是清澈的，而否定的、消極的水則較為混濁。

亦即經由流進湖泊的河川，以積極的、肯定的、清澈的水流入。如果湖泊是充滿混濁的液體，就流下少量清澈的液體來清理。

一開始可能沒什麼變化，但不

要灰心，繼續慢慢的、肯定的、積極的想法，就會逐漸變多。而以肯定的、積極的想法充滿於深層意識中。

依據以前曼徹斯特大學所進行的，將人類人生記錄分類統計調查，結果顯示「成功的人因為預期成功而成功；失敗的人因預期失敗而失敗」。

任何人都希望成功，無疑的，所有的考生也都希望自己能錄取。但多數的人雖認為「上榜就好了」，有時也會認為「或許不行」或「一定會落榜」。究竟考生中擁有「絕對會錄取」信念的人有多少？可能比上榜的人還少。從全體考生來看，簡直少之又

少。

深入於深層意識之肯定熱能，將扮演走上錄取最短距離的導航系統以及汽油的角色。如果起步太遲，使決定性的時間不足時，可能今年的考試就來不及也說不定，但絕對沒有不能達成之事。

重點

將上榜的想法，提高至確信不移的程度。

3 輸入幹勁的方法

◆書寫為證

目標非要寫在紙上不可。以大張的紙記載「某年某月上榜」的字樣，並經常隨身攜帶。牢牢輸入在深層意識裡。或者貼在筆記本的扉頁，和後述的照片一起貼在立即看得到的地方。

這張紙片看一下，然後把視線挪開，在腦海裡回想。站立等電車時、換衣服時、在餐館排隊時，利用所有的機會來實行。實行的時間一次不超過十秒，但效果卻很大。

不久之後，即使不看也能明確的回想出。平常在學習的空檔也可以回想看看，時間只需三秒，但效果出人意表。雖然已經到了不看也能回想的境界，但每天從視覺進入的各種資訊，有時舊資訊會發生「消失」

某月某日
OO
上榜！
某月某日
OO
上榜！

的景況，而逐漸模糊。因此，每天仍須看一次紙片，來防止影像變模糊。除此之外，還有使用錄音帶的方法，以後再做具體的敘述。

輸入深層意識，還有一種就是「積極、肯定的」語言。亦即在日常生活中不使用否定的語言，但現代人的一般生活，很容易輸入負面的資訊，因此，必須有意識的使用積極的語言才行。

重點

必須寫在紙上。

4 要擁有競爭者

◆競爭者可促進幹勁

如果在身邊有同樣以升學上榜為目標的人，你會湧起「我不能輸他」「我絕對要贏他」的想法。彼此互助切磋琢磨，所以兩人在競爭之中，會自然而然產生和他人相比比較進步的情形出來。

「我不認輸」是人自然的一種感情。因此，如果隨伴著這種感情的熱情出來，如前述，就容易將深層意識喚醒。所謂的「幹勁」，就是這種伴隨感情的熱誠，不管做任何事，能使人的能力開發的原動力，也是這種熱情。

當然，競爭者的實力與自己的實力相當最適合。和勁敵上下競爭當中，不知不覺進步神速，和沒有與人競爭時的差距很多。至於商品，如

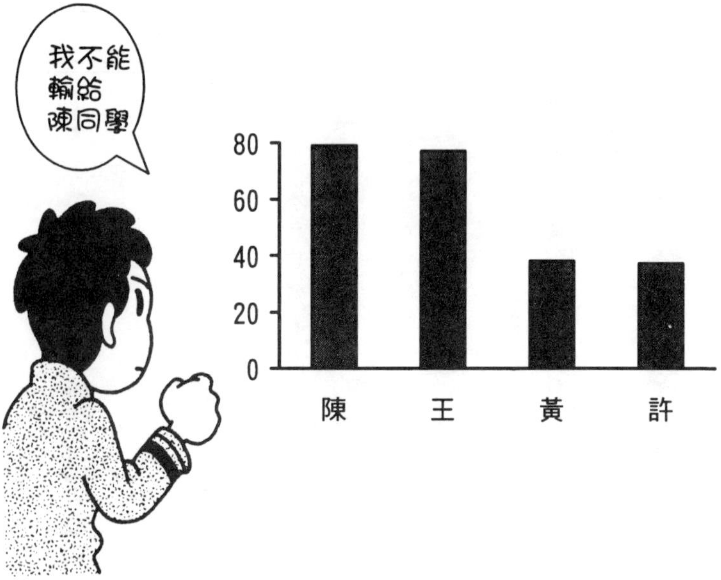

果各廠商激烈競爭的話，一定會生產出更好的商品來。可是如果沒有競爭對象，就會留在原來的水準上不再進展。

西德生產出優秀的車子，向全世界推銷、供應。但因為沒有競爭對手，只能生產排出很多廢氣的車子。而且即使再經過多年，也不會有任何發展的。

至於在社會主義制度之下的廠商，有導入競爭的部門一定比較有發展。例如，無論有無認真工作，給薪都相同的話，一般人都不會認真去做。

在台灣也是相同。一家公司如果獨占市場的話，很難有好品質出現，例如，電話終端機還未自由化之期，一提到電話，就只有一種「黑色電話」。

可是生產自由化後，在許多電機廠商競爭之下，無線電話機、答錄機等逐漸普遍化起來，而且功能也逐一上升。為了使手機價格能更便宜，品質能更好，必須讓多數的公司參加競爭才能獲得，這已經成為一般之常識。

由於如此，大家才了解只有一家公司壟斷市場是不好的，亦承認只有多數公司的參與，價格才能越來越低，機型也越來越精巧，功能也越來越升級，也才能一直普遍起來。

看奧運記錄是一件非常有趣的事。無論陸上的田徑也好，水上的泳賽也好，男子的一些最高記錄，有好幾個女選手都能輕輕鬆鬆超越過去。十九世紀末田徑百米記錄保持人為十二秒，可是從一九六八年創造九秒多的記錄後，現在的田徑賽，決定勝負的關鍵，都在於能否低於十秒。至於女選手已經創造出十・四九秒的記錄。在奧運會也不斷在刷新世界新記錄。

曾被視為不可能做到的事，一旦有人完成，一些固定觀念、限定領域就會被排除，認為他人也能做得到。同時事實上能做到的人，也一直不斷的產生。

◆如何尋找競爭者

有時候在身邊找不到和你一樣，以考試為目標的人。因為實力比自

己強很多，或者差很多，都不適合做為自己的競爭對象。

在那種場合，其實找不相識的人也可以。雖然不認識，但你可以找同一個補習班的某人當對手。

可是如果仍然找不到時，該怎麼辦呢？找以前的自己來當競爭對象也可以。

假定你現在的偏差值（deviation）為五十五。但你決心要得到七十。由於遭到過去經驗的阻礙，反而在無意識中自認為「我無法做到」，所以目標很難達成。如果設定為六十，然而真正擁有自己能達成的心。即使最終目標偏差值為七十，但目前在於下次模擬考你能考幾分？因此，對於所設定的目標必然能達成。否則可能會造成反效果。

亦即，在下次模擬考時，應該以獲得偏差值六十為目標，然後清楚的意念，並在自己必然能超越未來自己的心態下，將熱情燃燒起來。如果這個目標達成後，在下次的模擬考，自己的目標可定為偏差值六十五。

重點

活用競爭者，將不能做到的固有觀念，轉變為能達成的信念。

5 上榜錄音帶

◆上榜錄音帶之做法

為了進入深層意識裡，必須盡量排除邏輯性的理論，和表層意識之作用。將所謂意識性、意圖性的作用盡量排除才行。

由於如此，所使用的錄音帶就很重要了。

下面要介紹製作上榜錄音帶的做法，但配合個人的志願，內容則須有所改變。

上榜錄音帶①：能提高學習意願，達到上榜目標

「現在我坐在書桌前，精神非常集中，心情愉快、氣氛高昂，學習頗有進展，記憶很多事物。腦筋清醒，計劃也能順利達成，一步一步接

製作上榜錄音帶例：

「現在我坐在書桌前」
「精神非常集中」
「我在大學考場　」
「……多半是自己會做的題目」
OK!
錄取名單
「今天是聯考放榜日」
「榜單上有自己的名字」

近上榜，學習進度很順暢，期待考期來臨（間隔五秒鐘）。現在我在大學考場，考卷分發完畢，我瀏覽一遍，多半都是自己會做的題目，稍難的問題只要加以思考，就能找到解答線索。記憶下來的內容也逐一展現出來，過去所學習的如文思泉湧般，自己亦覺得不可思議，拿起筆來竟可順暢的在答案紙上，細心寫出正確的答案。這時發揮了實力以上的水準，自己也感到很滿足。（間隔五秒鐘）今天是放榜日，我在家鄉之放榜會場，我跑到放榜欄前，看到自己的准考證號碼和名字，的確，有我的名字，我考取成功大學了，（間隔五秒鐘）入學登記手續完成了，現在我在校園內徐步慢行。進入校門首先看到一號館，右轉看到圖書館，我在校園散步了一會兒，登上學生會館側邊的樓梯，到餐廳去吃飯，我考上成功大學，正在大學裡散步，對！我已經考取成功大學了」。

這卷上榜錄音帶之模式，只是基本帶，自己要錄音時，必須以緩慢的語調來錄製最重要。

先將內容錄起來，然後拷貝成九十分鐘的錄音帶。每天在睡前聽一

次，聽到能清晰的視覺化之後，以微弱的聲音播放即可。

可以整晚的播放，也可以設定在晨起前三十分鐘播放。剛開始音量設定小一點，整晚持續播放，習慣之後就不會影響你的睡眠了。

同時這個帶子可放在隨身聽裡一面活動一面聽。最少要聽上百遍才能滲透至深層意識。而且在睡眠惺忪、快要睡著時，比意識清晰時，深層意識的大門更會敞開。所以更能滲透深層意識，因此，當頭腦在休息時，聽一、二次也可以。

上榜錄音帶②：使目標影像化，提高意願

「今天是大學聯考放榜日，錄取通知單今天會郵寄送達，我迫不及待的等待著，突然聽到『叮咚！』的門鈴聲，郵差送來了！我趕緊拆開來看，有自己的准考證號碼，確認了幾次，終於確認自己上榜了。父母非常高興、非常高興，（間隔五秒鐘）馬上到和平東路辦理入學手續，接著尋找居住的地方，最後決定在麗水街租屋，這個地區環境很好，我幸運的找到了自己喜歡的住處。是一間現代公寓大套房，房間相當寬敞。坐上淡水線捷運，在古亭站下車，約走五分鐘學校即進入眼簾，我在學校走走，對！我在校園走走（音樂三分鐘）。」

本錄音帶是已經視覺化之錄音帶。在當天用功完畢，睡覺之前聽效果最好。但在用功當中士氣低落時，聽聽亦無妨。房間光線稍暗一些、坐在床上、坐在椅子上都可以，隨著錄音帶緩慢充滿感情的聲音，使情況與真實達到逼真的程度，並影像化起來。影像化的狀況，使腦部的影

像與現實體驗過的影像不相上下、無法分辨。而為了達成這個希望必須耗費巨大的能量努力衝刺。

本例是假定「住在台北地區以外的人，考上師範大學」之設定模式。配合自己的第一志願，和大學放榜的形式，或者家居樣式所做出之錄音帶。在最後三分鐘的音樂中，要意念錄取後的生活，並自由自在幻想加以描繪。這種音樂在講話中也可以當作背景音樂。

但在最後只有音樂持續流瀉時，聽到音樂會湧出豐沛的感情，以這樣的方式一直練習至影像化為止。

考上了，
我一定能
考上
會考上，
會考上。
意念

上榜錄音帶③：使意識肯定、排除負面思考

「考上了，必然會考上的。集中力越來越高，記憶力卓越超群，功課越來越能理解，所以一定會考上。我很健康、我很幸福、我會成功、我一定能安全上壘，我一定能考取台灣大學。學習的進度很順利，集中力與記憶力越來越提高，考取台大，我能做到，必然能做到，必然能上榜。」

這卷錄音帶，要以開朗、有魄力、稍快的速度來進行，反覆多次，拷貝成九十分鐘的錄音帶。然後配合錄音帶自己發音看看，使用隨身聽即可。聽過五十小時以後，意識就會轉變，並增加實際感。在每天開始用功之前，或晨起時約實行三分鐘左右。

重點

製作上榜錄音帶，輸入深層意識而能得到實感程度。

6 利用照片

要接受大學聯考時，到自己志願的學校，在學校門口，或希望的科系學院去拍攝，自己實地在其地之照片。但必須選在晴朗明亮的日子來拍攝才行。假如去拍攝時，天氣轉陰的話，雖然會麻煩一點，但還是重拍比較好。時間最好是白天，哪個時段都沒關係，但避免逆光拍攝，以地圖確認其方向，能夠的話中午前後最適當。

然後將照片放大，A4大小兩張、普通尺寸兩張。普通尺寸剪成如定期車票大小，夾在定期車票的皮夾裡，另一張則貼在筆記本裡。將放大尺寸的其中一張貼在房間裡，但並不是貼在桌前正面的位置。而是貼在斜上四十五度角的位置比較好。因為如果貼在正面而經常看到的話，會造成意識過度，使照片的刺激效果減弱。

例如在某些工廠裡，牆壁上均貼有「安全第一」的標語，可是雖然

一直貼那裏，但在蒙上一層沙塵之下，有貼與無貼並沒什麼大的差別。可是如果「安全第一」的文字，以不規則的亮光一閃一滅的，就比較容易進入意識裡。

例如，我們晚上到街上去，看到有些看板中的文字，由左至右按照順序亮起，又突然熄滅，有時候全部亮一下又立刻熄滅，這比一直亮著的方式，更容易進入意識裡。

一般而言，不連續比連續，大比小更容易進入意識。

也可以將相機傾斜角度拍攝。用長方型的相框框起來，懸掛時可以將自己稍微傾斜，但是建築物則必須是方正的。在士氣低落時，可以朝相片方向看一下，這時心情又會振奮起來。

普通尺寸的相片貼在筆記本上，另外一張則放在定期車票的皮夾裡，可以經常隨身攜帶，不論放在車票夾或放在筆記本，都必須打開馬上能看到才行。

坐在電車中，不應該傻傻的浪費時間，可以做考試的準備。如果恰好沒帶課本（即使有攜帶也無所謂），或者頭腦不清晰時（士氣低落時）這時拿出相片來，想像自己確實身處其地將之視覺化，付出感情進行模擬體驗最為重要。

另外一張放大的照片放在枕頭下面，以筆書寫「某年某月錄取」這種方法非常有效，因為深層意識充分記得照片在哪裡。

重點

到志願的學校去拍攝相片並隨身攜帶。

第三章
上榜手冊應用術

1 決定上榜手冊應用術

◆可以使用之手冊有兩種

坊間大部分的筆記本，記錄欄大部分都只設定到下午八點。但是學習手冊至少要能從上午六點設置到深夜零時才行。因為如果沒有這種設置，學習計畫即不敷使用。日曆式的手冊，只不過要記載約定之事，不要忘記之程度的預約手冊。同時星期六那一欄，也比平常小，即使做事務手冊亦不適宜。當然自己製作亦可。

【能使用之手冊的條件】

●攜帶方便。
●能從清晨六點記載到深夜零時，並能以三十分鐘設置一欄。
●一個禮拜份量，能攤開為兩面。

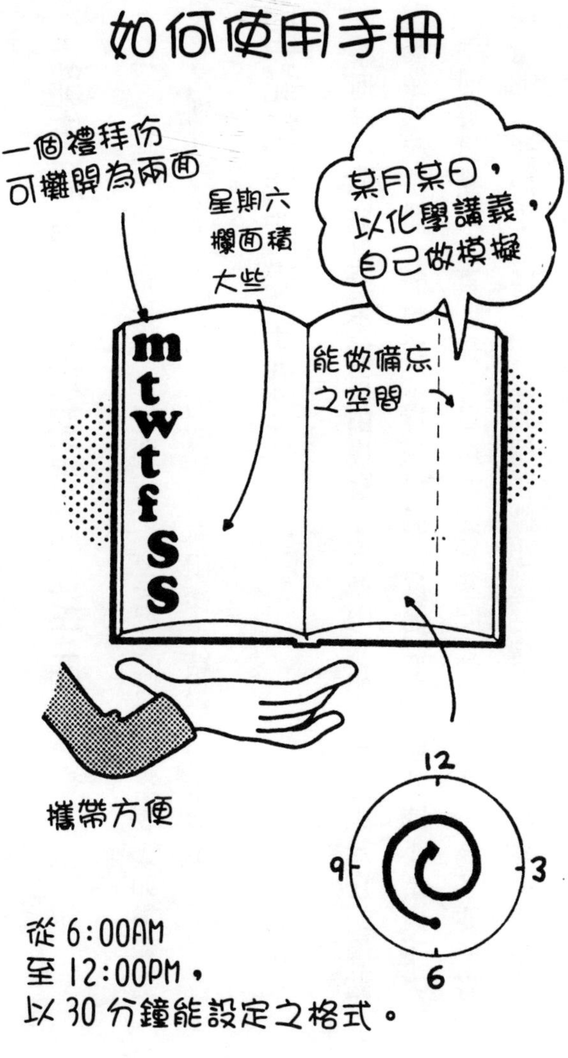
如何使用手冊
一個禮拜份
可攤開為兩面
星期六
欄面積
大些
某月某日，
以化學講義，
自己做模擬
能做備忘
之空間
m
t
w
t
f
S
S
攜帶方便
12
9
3
6
從 6:00AM
至 12:00PM，
以 30 分鐘能設定之格式。

●星期六那欄和平日相同，或面積更大。
●能將模試成績、目標，提高意願之口號。

◆全部生活預定表均要書寫在手冊

在一天二十四小時當中，能明白的規定學習時間最重要。如果和別人沒有差別就考不上。與他人的做法沒有兩樣，結果一定不能上榜。

◆自黏紙能改變手冊

手冊唯一的缺點是不能自由換頁。可是由於如此反而成為它的優點。因為像系統手冊一般，檢索自由度高，反而需要耗費時間，造成不方便。手冊每日欄的右頁，是一日份的記錄空間太少，因此，為了要使書寫欄增加，使用手冊時，可以利用稍微小型之自黏紙。依據優先順位排序的方法，以自黏紙來書寫就可以。

◆預定表加以修正才有價值

預定表只能預定而已。假定預估準確率九十五％，但經過五個階段可能會降低至八成。這時「計畫必有變化」。所謂計畫，沒有實際實行是無法了解的。所以要擬定計畫時，是以「可能會有這種變化」而擬定的。實際上看參考書需要三十分鐘、四十分鐘或一小時以上，在擬定計畫之初還不能了解。

也有與此相反，以時間來區分，例如，以三十分鐘學習某課的一種方法。可是這種方法不能稱為有效率的學習。短期的每日學習預定表，必須依靠「優先順位法」來處理，在前面已經敘述過，採用這種方法則不會有前面不方便之情形。

◆失敗的計畫必會失敗

計畫之不能夠實行，顯然是個失敗的計畫。所謂失敗的計畫，就是

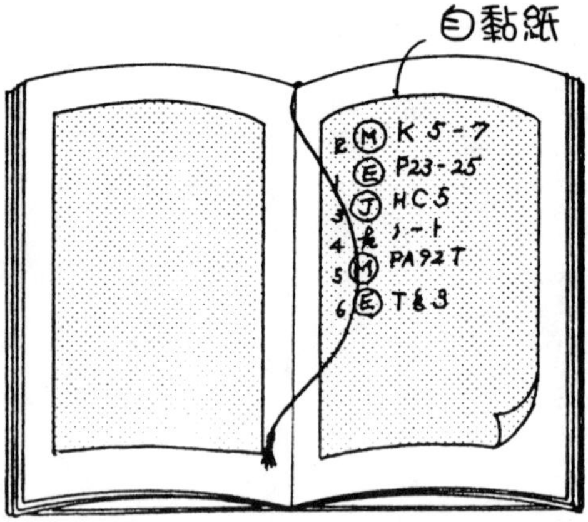

$$0.95\times0.95\times0.95\times0.95\times0.95 \fallingdotseq 0.77 < 0.8$$

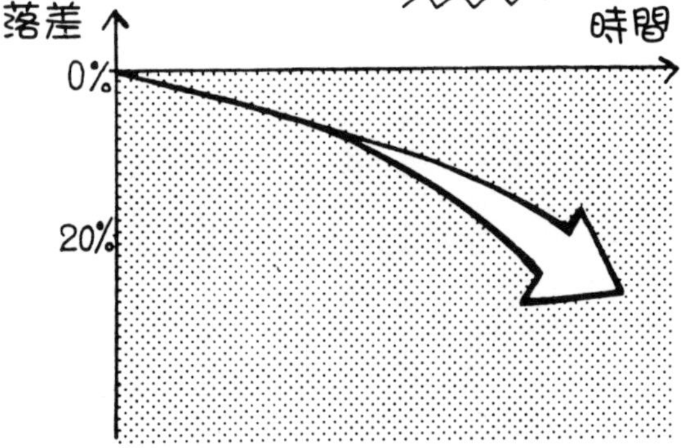

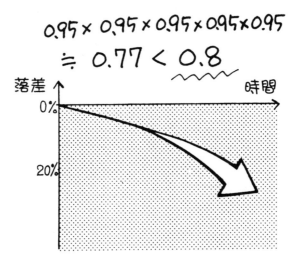

在實行時會遭遇到抵抗和阻礙。亦即開始時就必須耗費準備的時間，或具有不容易習慣化的性質。也有人擬定的課程，即使一天有二十六小時，也沒有辦法做到，也無法消化的程度。假定擬定一天當中要用功十六小時，但實行這個計畫，前二、三天可能做得到，之後落差會越來越大，結果最後就放棄了。

重點

隨身攜帶自己獨特的上榜手冊，管理全部生活行程表。

2 手冊記載法與實踐篇

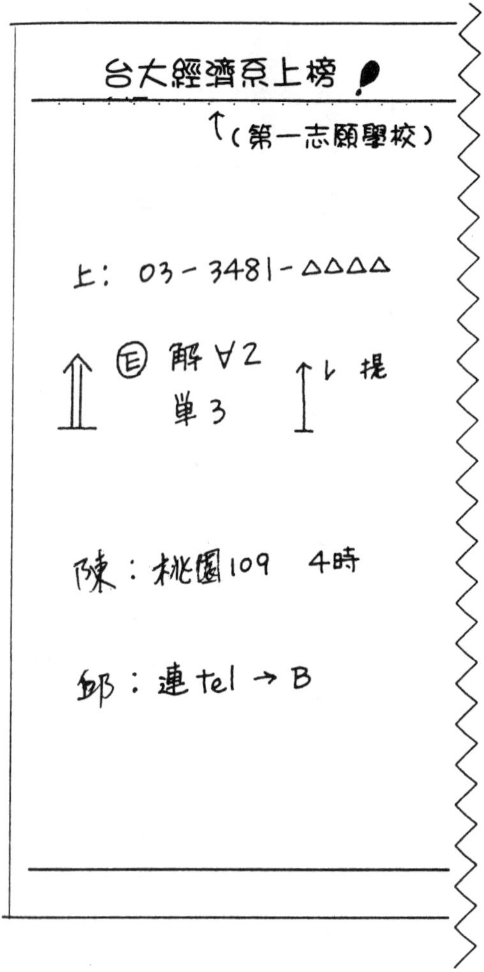
台大經濟系上榜！
（第一志願學校）
上：03-3481-△△△△
Ⓔ 解∀2
単3
提
陳：桃園109 4時
郎：連tel → B

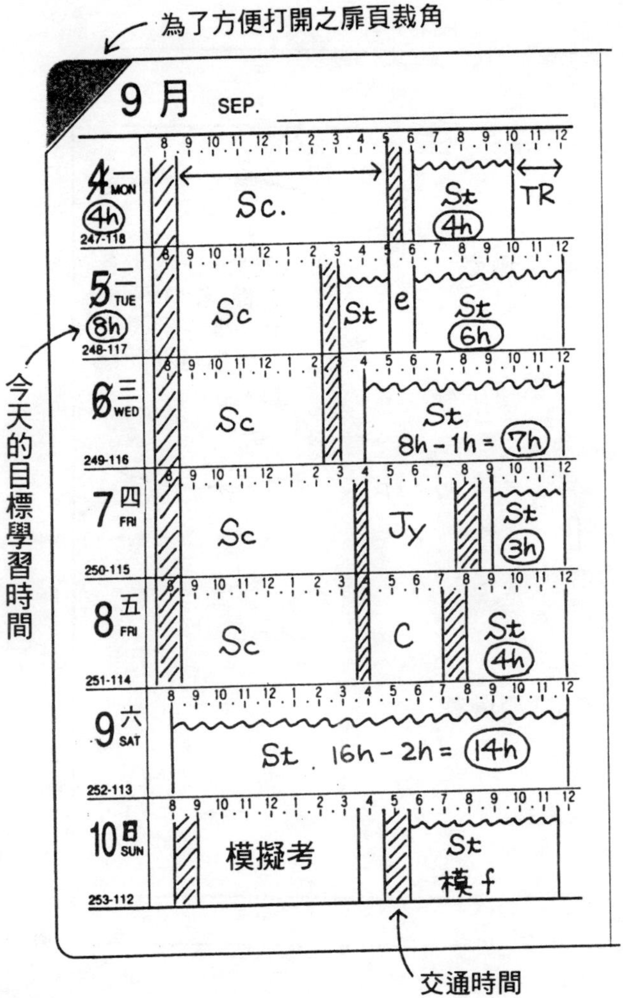
為了方便打開之扉頁裁角
9月 SEP.
4 一 MON
4h
247-118
Sc.
St
4h
TR
5 二 TUE
8h
248-117
Sc
St
e
St
6h
6 三 WED
249-116
Sc
St
8h - 1h = 7h
7 四 FRI
250-115
Sc
Jy
St
3h
8 五 FRI
251-114
Sc
C
St
4h
9 六 SAT
252-113
St 16h - 2h = 14h
10 日 SUN
253-112
模擬考
St
模 f
今天的目標學習時間
交通時間

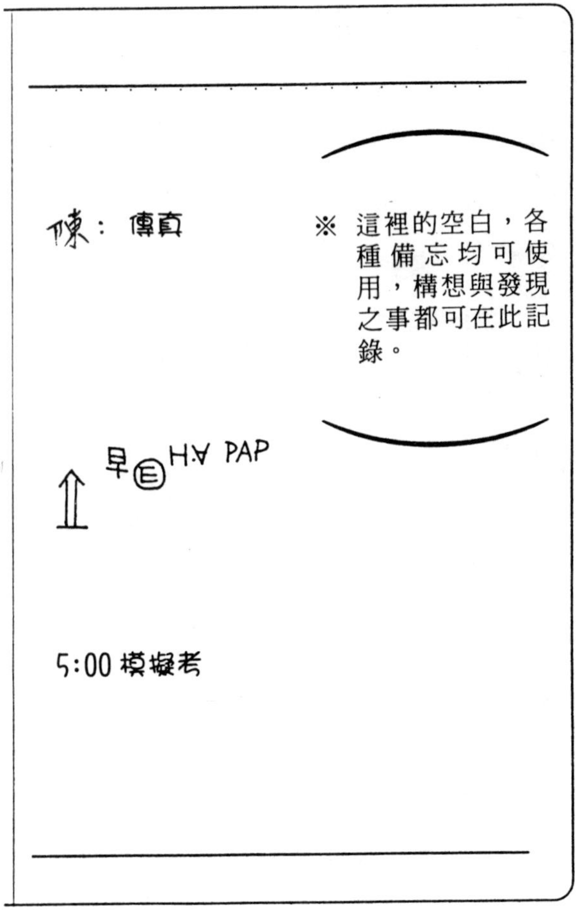
陳：傳真
※ 這裡的空白，各種備忘均可使用，構想與發現之事都可在此記錄。
早 E H·A PAP
5:00 模擬考

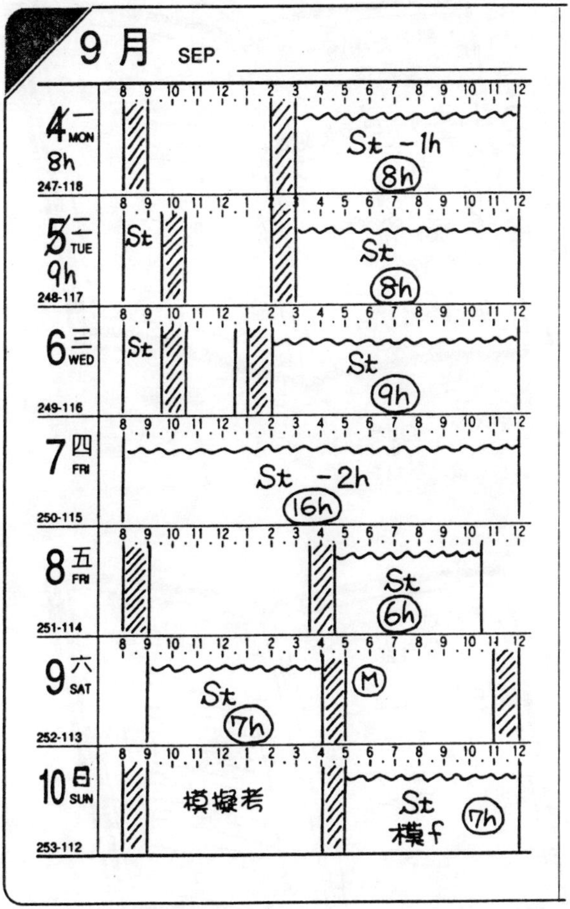
9月 SEP.
4 一 MON
8h
247-118
St -1h
8h
5 二 TUE
9h
248-117
St
St
8h
6 三 WED
249-116
St
St
9h
7 四 FRI
250-115
St -2h
16h
8 五 FRI
251-114
St
6h
9 六 SAT
252-113
St
7h
M
10 日 SUN
253-112
模擬考
St
模f
7h

打開手冊外面

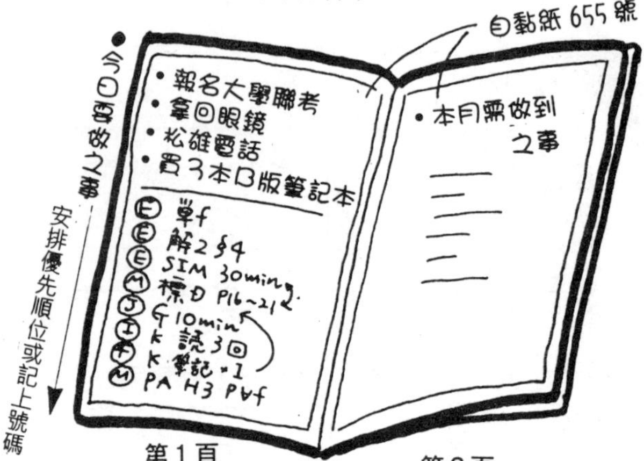

第1頁　　第2頁

※將本日或本週，今日和明日要做之事，以及昨日完成之事也要記載

第3頁　　第4頁

某年某月
台大文學系
一定上榜！
成功經濟系
中山法律系
手冊的背面裡
志願學校的照片

3 促進上榜的模擬考試，偏差值活用術

◆如何看偏差值

使用偏差值的優點，在於某種集團中，沒有受到問題難易度的影響，而能判斷成績之浮沈。例如，某次考試的平均分數為七十分，而你是獲得六十五分。但第二次考試若得了六十分，是否會因分數的降低，也使學力也降低呢？其實也不盡然。因為第二次考試的平均為五十五分。第一次分數在平均值以下，以偏差值來計算是低於五十。但這次分數在平均值以上，你的偏差值就在五十以上。由此可了解，雖然得分降低，但學力卻進步了。

但是偏差值的數值亦非學力之數值。所謂偏差值，是因母集團（應考人之集團）之水平和分布有變化就無法比較，而是在應考者之規模，

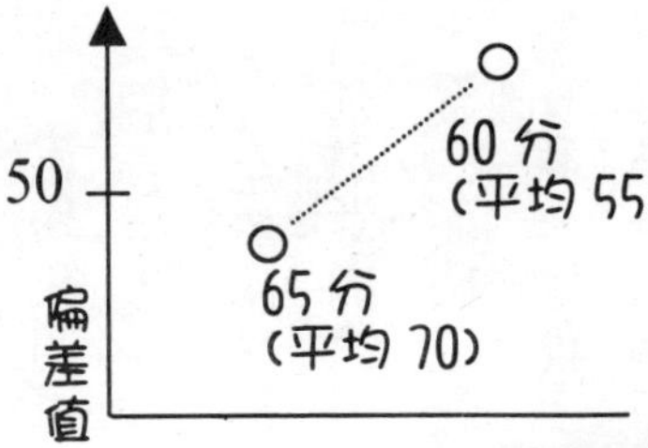

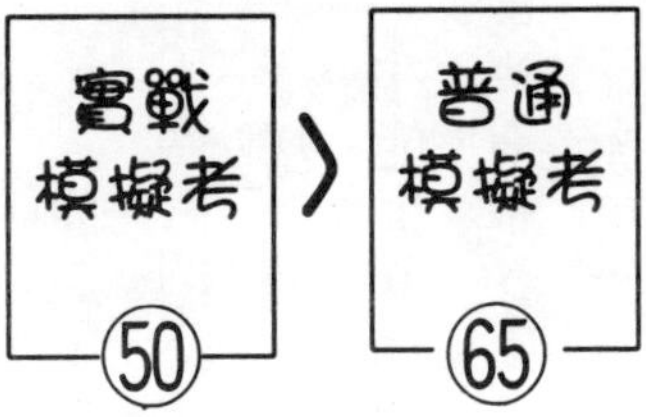

和成績分布大致相同時，不會被平均分數所影響之下，才能比較學力。可以遠至前年的資料，計算出上榜的可能性。

因此，在「補習班的綜合模擬考試獲得偏差值六十五」或者在「某地區聯合模擬考偏差值六十」就能大略了解其學力程度。但是若只提到「偏差值六十五」，就不能做正確判斷了。

例如高三應屆考生，參加台北地區模擬考，「實戰模擬考」雖然獲得的偏差值只有五十，但若去應考的機構水準很高的話，那麼要考取一流學校的可能性就很高。如果同一個人，考一般模擬考偏差值可能為七十分以上。這是由於接受考試的機構水準差距所造成。

至於所謂偏差值和平均分數（分布情形）相比較，與相對性的自己站在應考團體中的哪個位置是相同的。所以，如果八月份偏差值得到六十五，而假定在考上志願學校的模擬考偏差值也是六十五，那麼，就以為「我一定能上榜」而鬆懈下來，結果大意失荊州就落榜了。因為這只不過是表示「如果大家到考試之前，再繼續衝刺而維持這種偏差值」。但真正所需要的學力，不是以上榜的程度而已。所以越接近考試，就必須比以前更用功，同時學力才有上升的實感。可是其學習努力之水平，和周圍人的水平一樣，其全然偏差值是不會改變的。

為了增加上榜可能性，亦即提高偏差值，必須比別人更努力更用功，才能提升偏差值。因為和考取志願學校百分之八十的偏差值，不足之處尚有很多。

如果以為時間還綽綽有餘，做事拖延苟且，即使已達偏差值，但因

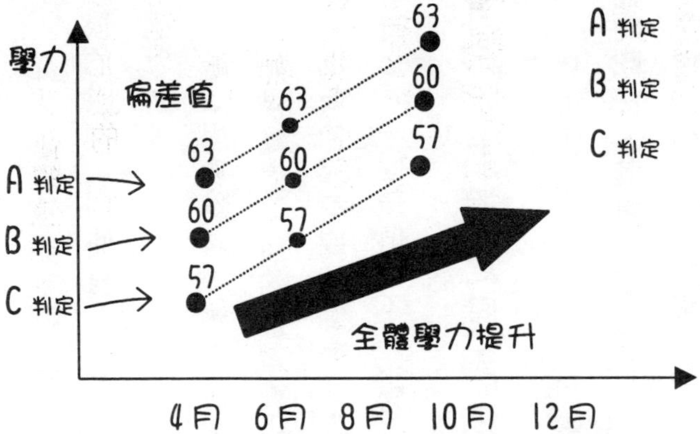

只有自己的學力提
升……這是不可能的，
因為別人也會提升。

過於鬆懈或大意，別人就有超越你的可能，如此一來，偏差值就會降低。

如果你的成績被評定B以下時，如果你的努力程度只和他人一樣，是很危險的。即使有上補習班，但若一直維持這種狀態，偏差值就不可能提升。

所以用功量若不夠，就必須增加。

如果覺得目前的補習班不適合，就應該換補習班。如果內容不能吸收，就要依靠家庭教師來指導。因為如沒有給予一些變化，即使學力本身有上升，偏差值卻不一定會上升。

◆判定上榜之應用法

有不少應考生擁有「只需努力一年就夠了」「還有很多時間」等單純的想法。其實升學考試是一種競爭，別人也和你一樣有充裕的時間。大家情形都一樣，是平等的。

到考試之前的時間，能否充分利用暫且不管，但模擬考若被評定為

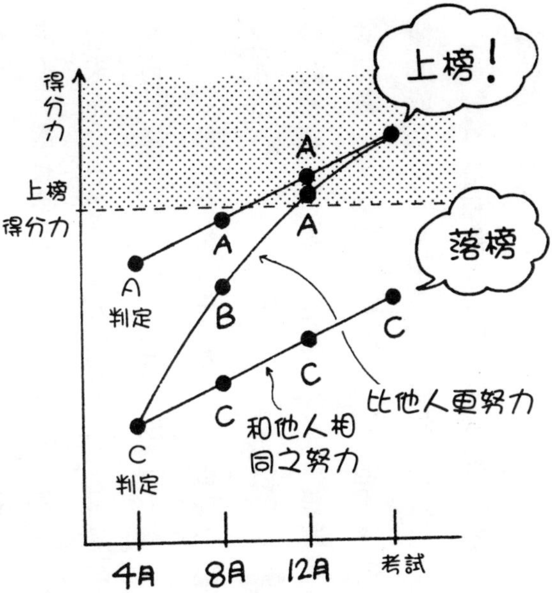
上榜！
得分力
上榜
得分力
A
A
A
A
判定
B
落榜
C
C
C
比他人更努力
C
和他人相
同之努力
C
判定
4月
8月
12月
考試

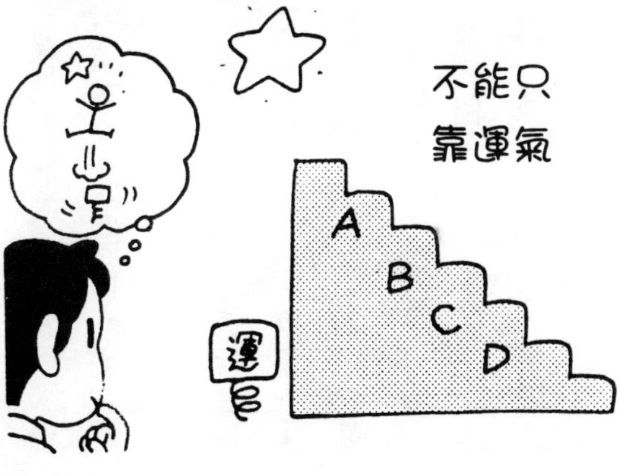
不能只
靠運氣
A
B
C
D
運

B（錄取率六十％）以下，就勢必要趕上被評定為A（錄取率八十％）的人。所以，沒有非常努力就不可能上榜。至於家裡有應考生的父母，絕不能聽信孩子說「還有時間嘛！」而應該抱著「今天雖然模擬測驗被評定為A，但還未充分熟悉的地方還有很多，可是距離大考還有充分的時間，現在趕快再加緊腳步」的想法就可以了。

至於成績被評定B的人，根據追蹤調查，是五人之中有三人能錄取之水平。而被評定為B以下的人，若無採用更有效果的方法，就沒有上榜的希望了。被評定為D的人（錄取率二十％以下）切勿以為自己會像某前輩一樣幸運的錄取。因為他本來對被評定為D而不具希望，但卻幸運的成為十人當中唯一上榜的人，當然也有這樣的例子。

可是這和你朋友買愛國獎券中獎，而你買了卻不中獎相似，實際能中獎的機率並不多。

上榜力

上榜力 ＝
- **問題解答能力**
- **迅速解答能力**
- **自信**

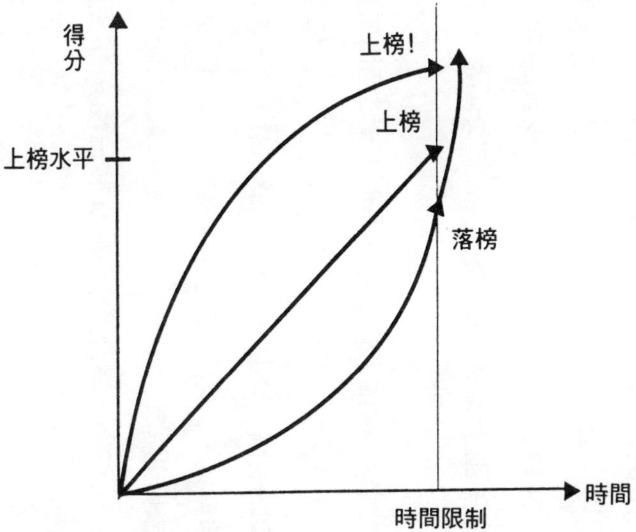

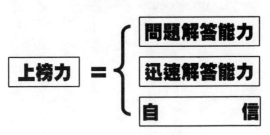

◆模擬測驗之考法

原則上，模擬測驗盡量從早期開始，必須接受多次的測驗才行。

實際上有意想不到的多數人，都抱著「等實力增加再去考」的心理而去應考。因為為考試做準備的人，不只有你而已，別人也都在做同樣的努力。這種態度彷彿意味著，有能力被評定為A或B時才要去接受模擬測驗。其實一直不去參加考試，就無法得到被評定為A或B的自信。

結果一直沒有應試的經驗，就直接去面對真正的考試了，而這些人其實只不過是為自己缺乏信心找藉口而已。

模擬考對於掌握自己客觀的實力的確有幫助。因為本來限制兩小時的題目，三小時才能完成解答是無法得分的。而是「在限制的時間內，如何得到錄取分數」才是上榜所需之得分力，亦即上榜力。因此，平常就需使用定時鐘來練習解答問題。即使採取的讀書方法，均有意識到時間，但是，還是需要習慣模擬考實際的時間比較好。

另外，最好設定在入學考之前，以接受模擬考做為中間目標。並且也要促進學習的意願。

至於大學聯考，有志願學校類型的模擬考時，都要去應考。資格測驗模擬考，必須去接受最大規模的考試。

原則上，模擬考自己一個人去應考最要緊。因為如果和朋友一起去報名，朋友在鄰座的可能性很高，如此一來會喪失考試之緊張感。

重點

學習方式和他人相同，上榜力、偏差值，錄取評定不會有變化。只有比他人更用功，偏差值才能提高。

模擬考成績表

月日	模擬考名	第 1 志望(　)	第 2 志望(　)	第 3 志望(　)

記錄評定值(A、B、C、D、E……)
比B高快達A時記B＋
差一點變成C時記B－
更努力以期下次模擬考得A！

年度學習得分表

	模擬考名	實施日	英語			
		(月)-(日)	得點 S-S	得點 S-S	得點 S-S	得點 S-S
第一次						
第二次						
第三次						

第四章
大學聯考上榜戰術

1 決定志願學校

前面我們都一直強調「考古題」，由於如此必須早日決定你要應考之大學，假如你現在讀高一，就必須決定好你要應考之大學。那時的目標不需靠偏差值之排位來選擇，因為實際的能力和考試的等級並不一定一致。同時，如果目前的考生，實力若比以前的考生差時，就必須比別人更用功一點，這樣的話，很快就能超越偏差值比自己高的人。

由於和應考科目有關，因此，首先需決定要考理科或文科，但這時心中搖擺不定的不少。問題在於是要專心一意的考私立大學呢？還是以國立大學為目標。要比較國立和私立的偏差值時，國立會比私立少三％～五％的百分比。有時候私立早稻田大學的政經系比東大文學系要難得多。有些人能考上東大，但早稻田卻落榜了，這是緣於無好好的計劃。如果他最早以早稻田為第一志願而準備，一定能輕輕鬆鬆的上榜。

學校的水平不能隨便降低，但既然離考試還有一年的時間，在文科方面第一志願依東大、京大、一橋大、早稻田大、慶應大等大學為順序。理科則從東大、京大、東工大、早稻田大、慶應大、大阪大、九州大、東北大、神戶等大學去選擇。至於醫學院順序為名古屋大、北海道大、岡山大、金澤大學等。

在這些大學當中，只要是有正確的對策，都有反敗為勝的機會。即使水平相當低，也能向早稻田大學挑戰。國立大學分為資格考與二次考二種。雖然考同樣的科目，但必將資格考與二次考看成不同之科目別。如此一來，科目數量就會增多。通常會產生二倍之量。以另一角度來看，則有四倍的差距。意味著使人不易產生僥倖的心理去應考，也能有時間培養錄取之實力。至於和國立大學比較，慶應大學實際的學習量比較少。可是慶應大學比較重視英文，因此英文成為「在正式考試時，不能有差錯之科目」或「為了取得分數，必須耗費時間的科目」。但如果慶應大學的英文對應得當的話，比早稻田能得到高分的空間更大。雖然不考國文，但在文、法、商、綜合政策、環境資訊學系等必須提出獨特的論文，還有研究之對策。這對於擅長英文的人反而有利。同時比國立大學學習到之上榜線更加容易。

報考私立大學文科的應考生太多時，只期待大學授課也非良策。因為和國外比較，在日本取得有關書籍非常容易，依靠自己努力的環境也不錯。書本以外的媒體也可多加利用，因此，想閱讀自己專門以外的書籍，日本比歐美的學生可說方便許多。

站在偏差值和實際的大學與實力的觀點而言，值得推薦的大學有筑波大、橫濱國立大、千葉大、埼玉大、東京都立大、大阪府立大、中央大、成蹊大、東京理科大、青山學院大、同志社大、立命館大學等等。能認真實行本書所介紹的用功法，不管你現在的成績如何，一定都能考上大學。反之，還未閱讀本書之前，已經以那些大學為目標者，看過本書後，一定能夠向早稻田大學、慶應大學挑戰了。

更具體的說，唸哪間大學在社會上能派上用場的，正如暢銷書『談商高手』中的作者中谷彰宏先生所指出一般，只有東大法學部而已。東大法學部以外，不管是從哪個大學畢業，所擁有的任何品牌均不能派上用場。有些人有能力考上東大文一（法學部），卻去應考東大文二（經濟學部）。其實寧可再補習一年，然後再向法學部去挑戰。志願理科的人，也可去嘗試考東大文一。暢銷書『日本／權力構造之謎』的作者卡連·凡·渥爾芙連記述說：「支配日本的乃是東大法學部出身的人，可以說東大的『東大法學部』最著名，『除此之外』均無用武之地。」

就職時，如果只限定於考職業，前面所列之大學群較有利，但並不意味著將來就有發展性。可是大學的四年生活其影響也相當大。入學時還無法分辨其色彩的高中生，在大學畢業時，就已經染上該大學濾色器之顏色了。即使某生偶而在考試當天，因各種狀況之差距，而決定了其成績及格與否，但是唸東大、早稻田、慶應、一橋等大學，畢業後其想法與行動，不管好壞都會受到該大學之影響。

雖然事實不盡如此，但是一般來說，考取東大的學生，在大學開始讀書時，比其他大學的學生用功也是事實。我有一個早稻田大學畢業的朋友，前些日子對我說「上大學還會用功的，我只看到東大的學生而已」。或許這句話有些誇張，但是從早稻田大學重考到東大的某生也說「為何東大的學生都這麼用功」。

考上東大文二經濟系不太用功的情形，只不過是和其他科系相比而已，如果和其他大學比較，還是屬於用功之一群。尤其法學部的學生確實相當用功，其精神令人佩服。至於農學系、教育系就差了一些。但理學系和藥學系是相當用功的哦！也許日本全國大學生總和起來，真正會在大學裡發憤讀書的，比東大全部的學生還少也說不定。

其實高中生既然決定要上大學，就應該好好用功。可是上大學後，周遭的讀書氣氛並不濃厚，只有自己想用功也很難。因為大學所學習到的東西，說不定沒什麼大的用處，因而常常到國外旅行，或者熱衷於運動，在現實上或有較多的益處。

可是不管所學能否學以致用，想進修還是讀東大比較好。站在實際活用的觀點來看，上慶應大學綜合行政系、環境資訊學系，或上智大學的ＩＣＵ就好了。如果自己想要再研究，則早稻田大學、明治大學比較理想。

至於女性，由於唸的大學不同，其大學四年的生活指針或思考模式，會受到很大的影響，這種現象委實令人感到驚訝！如果沒有受到現代企業架構所拘束的話，其實唸哪一所大學都沒有任何差異。至於要找一般的職業（事務）雖然讀同一所大學，但男生卻未能被一流企業所錄用，女生則錄取機會多。

我在和女應考生交談當中，覺得她們所擁有的資訊，都是以男性為對象。沒有察覺這點的女性很多。尤其考早稻田、慶應、上智等大學的女性，在大學三年級開始以至就業後，才發覺過去的思考竟是錯誤，而愕然不已。

譯註：日本的大學考試是各大學個別對外招生考試，台灣或許數年後也漸漸改為如此。

2 成績不會進步的十三種原因

我們將前面敘述的加以歸納。成績不好的最大原因是「學習量不足」和「學習方法錯誤」。招致學習量不足的首要原因為集中力不夠，其次是記憶力、邏輯性構成力訓練不足所導致。學習方法錯誤的原因為忽視從簡單的題目出題之原則，或者忽略了所學習的必然會遺忘之慣性所造成。

在應考生所提出的問題當中，以應該使用何種參考書與使用何種問題集最多。可是無論把這部分準備得多麼周全，擁有日本大學實力水準的人，卻不能達到早稻田大學之水準，因為一般而言，成績會受到任何一種參考書所影響的範圍，其偏差值只在五％以內。

例如在戰場上，以任何角度砲轟，或如何提高步槍的命中率之戰術，其實能影響勝利與否的關鍵，在於參謀本部之戰略。如何去增強兵員和軍備，確保補給部隊之路線，或以何種方式去攻擊，才是決定勝負之關鍵。以此相同，如何使記憶力、集中力、學習量增多，以及在考場時，能將所學習過的，多數成為「可使用之記憶」而保留下來，才是應考之戰略。

現在，將不能獲得上榜得分之原因，歸納於以下十三個項目。同時，也將第一章到第三章的參照項目提示出來，請對照各部分進行復習。至於重要事項，也會再反覆提示。

①學習量絕對不足

對策：睡眠時間過多，貪睡或雖長時間坐在桌前，但精神散漫，胡思亂想，其原因為學習意願沒有輸入深層意識。（第一章8）

心情浮躁，不能安定的坐下來，多半是飲食的問題。（第一章8）

②當場沒有記憶下來，即使已記憶也馬上忘記

對策：忘記也無所謂，需要時再當場記憶下來，由於如此，記憶力才能提高。（第一章4）

③使用問題集沒有效率

對策：除現代文、英文解釋以外，到能達到某種水平為止，先輸入解答以及解答方法。（第一章5）

④不了解復習之重要性

對策：必須確認已經記憶下來的事情，如果沒有加以應用，必然會消失掉。曾記憶之內容，在正式考試時，不能成為再生記憶也沒有用。（第一章6）

⑤沒有實行志願學校對策

對策：首先要決定第一志願和應考的學校。並學習考古題。從問題集和參考書找出類似問題而擬定對策。假定實際上沒有去應考的學校出現也沒有關係。努力是絕不會白費的。

例如，醫科大學出題的方向改變可能性很高，可是雖說如此，該大學考古題仍是占最高之問題集，無論再如何變也是好的。從出題性高的先學習，是準備大考之鐵則（第一章2）

⑥無法在限時內做完（解題速度太慢）

對策：經常使用計時器來學習限制時間。有時候會出現想更加詳細研究的問題，這時可以給予這個問題充分的時間，但其他則需按照時間來學習。關於研究學問可以無限制的時間去研究，但是為了獲得上榜分數，則必須限制時間，因為為了考試之用功，是不可能有無限的時間去解答問題的。而且必須反覆練習比正式考試更短的時間，來做正確又快速的解題能力。

⑦接受模擬考試的次數太少

對策：志願學校模擬考，高三應屆生，在前半年一個月考一次，後半年則一個月最少要考二次。同時在模擬考當天，必須做好筆記，直至正式的考試前，要不斷的復習。（第三章3）

⑧別開口就是否定的話

對策：因為負面的語句，會對自己的深層意識發生作用，在不知不覺中使自己走向不會上榜的方向。也不要和常說負面話的人接近，因為常說喪氣話的人，到正式考試時失敗的居多。（第二章1、2、3）

⑨沒有計畫，計畫不完美

對策：讀書沒有擬定計畫，和蓋房子沒有使用設計圖是一樣的。也許有人可以將房屋蓋好，但在半途就變了樣，說不定蓋出來的房子沒有屋頂，也許蓋到二樓發現沒有築樓梯，而必須用梯子爬上去。長期計畫是根據完成構想圖製作而成，然後考慮如何建造房屋，和需要怎麼做。而在使用考古題方面能告訴我們「用功什麼就好」「如何用功就好」「用功到何種程度比較好」。然後依據長期計畫再設定一個月期的中期計畫，一週期的短期計畫，以優先順位法使用時間計畫，再按順序加以努力。（第一章1、2、第三章1、2）

⑩完全不思考（只會死背）

對策：在大學聯考時，只是「不了解意思之記憶（死背）」是無法獲得分數的。同時因為資訊不連貫而容易忘記，也無法判斷已經記憶下來的該如何運用。尤其在數字方面，沒有使用死背就可以應付的問題。必須包括其計算過程、理解邏輯程序，再明白記憶下來最重要。當然先背下來也可以，但若沒有再加以理解、明瞭其過程，不能提高考試之得分力。（第一章5）

⑪理解、吸收之後就結束（不想記憶下來）

對策：補習班的課程相當充實，只要能好好應用，不應該考不上理想大學。如果沒有上榜的理由之一，是在上課時頓悟「原來如此」而覺得理解，但並沒有反覆復習和加以記憶。如此一來無法再生記憶，考試時就無法應用於其他問題了。以為問題集的解說已經了解，或獲得家庭老師指導而了解，可是只是如此而已，沒有再反覆練習記憶，當然無法應用在其他問題上了。只是了解一次無法提高得分力，應再次復習，因為沒有再多努力一些，是無法促進得分力。只是理解可以說只走到半路，因此，不僅要理解，同時也要記憶下來才能得分。（第一章5、6）

⑫想從基礎開始

對策：在準備升學考試中，首先想從初步再開始學習的人，在公式單純的用法、或背誦事項時，使用參考書附帶的問題集。初步事項記憶下來後，可應用進行看看。為了解答實際上的問題，必須學習如何組合初步事項。將應用問題多量的明記下來，自然能了解單純的法則以及其共通點，這才是所謂的基礎。因此，基礎可以說最單純也最困難。不管如何努力的做基礎問題集，如果沒有好好學會基礎就無法解答。因為問題集所提出的問題都是初步問題，必須會加以應用才能了解。但有些老師認為「只要了解基礎就能解答考試問題」而不注重應用問題。他的主張雖然也很正確，但不會應用，就不能真正了解基礎問題。（第一章6）

⑬以為還有充裕的時間

對策：即使離考試還有半年的時間，但其他的考生也和你一樣，還有充分的時間，那個時候如果成績被評定為B以下，與你周圍同時在準備考試者的偏差值仍然不變，因此，必須比周圍的人更加倍用功才行。因為如果只想維持偏差值的話，當然時間似很充足，但若想提高偏差值，想得到評定為A的成績，時間就絕對不夠，所以從今天開始要更加努力了！（第一章7、第三章3）

3 上榜的九種原因

①確保絕對的學習量

實戰：決定學習量和實質學習時間的密度。並使用計時器與碼錶做為武器，努力增加學習密度。

假定要從台北跑到桃園。要獲得最有效率的學習方法，和走捷徑是相同的。不跑就不能到達終點。同時以考試日為期限來競賽，所以只用走路就喪失了資格。學習事物時，即使因方法的關係稍微迂迴繞道，但是學習量多，比慢慢行走，捷徑的確較快到達目的。（第一章7）

②當場記憶

實戰：如果沒有反覆輸入頭腦記憶下來，其記憶在考試時就不能派上用場。反覆的次數至少要五次以上。無論如何使用問題集時，只要認

為必須記憶之事項，就要當場記憶下來，即使以後忘記也沒有關係。（第一章3、4）

③有效率的使用問題集

實戰；問題集雖然必須輸入頭腦，但也需常練習輸出。但為了相當程度的解答題目，首先輸入的方法為先決條件。一開始就想做解答，好像學象棋，只學會象棋的移動方法，就想和人比賽一般。其實沒有學會棋譜就無法進步。而且以大學聯考而言，只是學會如何應用棋譜還是不夠。到了考試當天，如何能有效的學會從問題集中，所提出的任何問題都能加以解答，才是上榜的關鍵。（第一章5）

④建立好能經常復習的系統

實戰：記憶下來之事物必然會消失，因此必須常做記憶之回饋。可是即使有做復習筆記、模擬考筆記，沒有以科目別來建立，或無法隨時可拿到需要之存取資訊，由此復習也同時會被忽略，而無法充分做到。因此必須應用「第一章6　復習決定上榜」的方法，把學習到的一切，於考試當日再生記錄才行。（第一章6）

⑤解答速度快

實戰：「必須在一小時內解答的問題，一小時又十分鐘才解答完畢並無意義。同時，如果全部作答完畢，但沒時間填寫在答案紙上也無意義，如果寫錯也是徒勞無功」。聽我這麼說，也許有人會反駁「無論速度多麼快，寫錯也白費」那是當然，可能意味著太過於慌張，而使寫錯的機率增高之意。由於如此，為了預防在正式考試有狀況，即使有意外事件發生，也要擁有能防範和對應的充裕時間，而避免慌張。因此平常要使用計時器來練習，在正式考試時，需要反覆確認幾次，多半會比模擬考更耗費時間。所以，常聽到有人說：「平常時間都夠用，正式考試時間卻不夠。」另外，不管是哪種問題，首先要看的不是本文，而是問題。先依靠設定的問題，再掌握其要問的是什麼問題。尤其現代文，既長且解釋多，所以需特別先看問題，然後能解答的就先解答。但也有「先看問題會產生先入為主的觀念」的說法，但在有時間限制的考場裡，這種說法可暫且不管。有實力的補習班講師，不需先看題目，也能擁有充分的時間來寫出滿分的答案。但實力不強的應考生，要在限制的時間內寫出正確的答案，則應該先看問題。（第一章7）

⑥常接受模擬考，並好好把握

實戰：接受模擬考的優點有五種。一、能實際嘗試在限時內的真實演習。可以說有正式採排的效果。亦即有真正考試的「模擬」測驗意味。二、可依據此成績和其他應考生做相對的評估，可客觀的把握上榜的可能性。三、以模擬考為中間目標，得到高密度之學習。四、因附帶詳細的解說、採分和講評，所以只要好好把握，對於實力的提升有很大的幫助。五、對於聯考模擬測驗，對猜題有幫助。在此再度叮嚀，直至考

試當天都還要復習。（第一章6、第三章3）

⑦多說正面的語言

實戰：開朗的行動會帶來開朗的精神，因而積極的語言也可成為引擎的發動劑。不僅可成為隱藏於深層心理幹勁之泉源，也會造成上榜之原動力。因此在考試時，禁止使用太謙卑之語句「你沒問題，我不行」「我可能不行」「我都不會」等等，這些話絕不要開口說。因為這只不過是防備失敗之藉口而已。最好將「我都會」「我會上榜」等積極的語言徹底的輸入深層意識，而在無意識中喃喃自語或好像在說夢話的程度。（第二章1、2、3、5）

⑧擬定有效率的計畫，付諸實行

實戰：將效率手冊製作成自己專用的，才是你特有的「上榜考試手冊」，並且常常隨身攜帶。徹底管理考試的學習生活，每天按每天的計畫，將考試之實行度、消化率、學習時間等之資料，儲存在手冊裡。參考過去自己準備考試的資料，就能了解何種程度之計畫才能實行。例如，將英文單字復習之優先順位降低，結果連續三天無法復習好，接著連續四天也無法復習完畢的話，這種方法就不理想。應該參考一週前，同一個星期的學習資料，來更改優先順位，改變為能加以實行之順位。學習計畫之手冊應隨身攜帶，並付諸實行。（第三章1、2）

⑨理解的記憶

實戰：不要理解就滿足，理解之後必須記憶。如果沒有加以記憶，在遇到類似問題時就無法作答了。看看問題後，在腦中可以再現解答嗎？如果解答無法重現，就需再一次理解。一面確認解答，一面反覆記憶在腦海裡。因為能在腦中隨時再生記錄最重要。（第一章5）

4 能增加得分力之英文學習法

接下來我們來探討英文的解釋。普通的問題是解答後，確認為正確答案，然後加以採分的方式。可是繼續以這種方法做下去，可以得到分數嗎？實在令人懷疑。

有關「內容問題」首先不要看本文，應先看問題才行。因為問題中會有本文之提示。如果有國文寫的提示就更好了。假如選擇有錯誤時，再看看本文內容即可。

解答問題時，能否在更短的時間得到正確答案的「時間性」很重要。應該考慮是哪一部分不了解，才不會解答。而將文章結構所需要的單句、複合詞等寫在課文旁邊，或以螢光筆畫線。

但是盡量避免查字典，因為在考試時並不能使用字典，而且也很浪費時間。站在想使英文得分的觀點而言，在準備考試的初期不要用字典

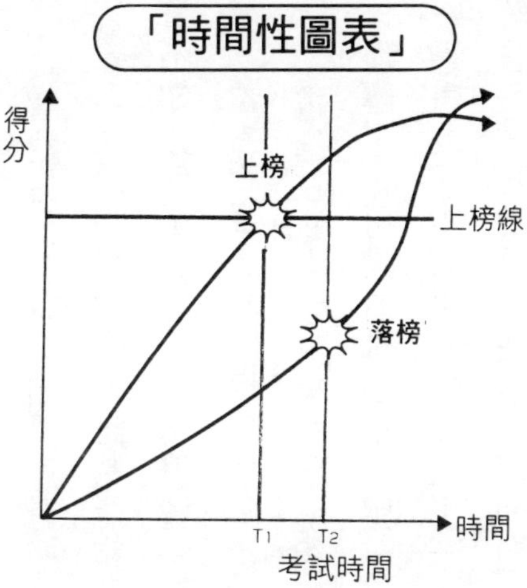

。能夠對應的話，盡量不要用字典。依靠單句的翻譯能了解文章含意的話，就不需查字典。

有畫線部分的翻譯，自己不能解答的理由必須明確確認。學習單字和文章之後，再次做正確的翻譯最重要，不需要全部翻譯。

英文解釋最重要的是要具備知識。有關環境、教育、科學技術、政治、人口等問題，常被當作議論的題材。因此，需先以本國語文常識做為一般性的知識。

因為連自己國家的語文都不了解，用英文又怎能理解呢？

5 能增加得分力之數學學習法

看題目作答時，如果思考一分鐘還不知如何作答，就必須馬上看解答。看過解答線索後，認為能夠解答就繼續作答，但是有時候在途中停筆不知如何是好時，切勿浪費時間，必須馬上再看解答。理解之後要將解答覆蓋起來。然而再次作答，這個動作是很重要的。

這種在途中停下來的狀況相當多。因為自以為已經「知道了」也加以理解了，可是事實上不一定「已經會了」，必須是確實已經「學會了」最重要。本來以為「知道了」，但如出現不清楚的狀況，就再看一下解答，一直到清楚在何處出問題，再將答案蓋起來再做解答。如此反覆到確實學會為止。

但前述並不是要死背（亦即沒有看也能回憶出來）。而是包括其邏輯來加以記憶。以明憶（了解事物之過程而記憶）的方式來記憶，要不

數學之學習法

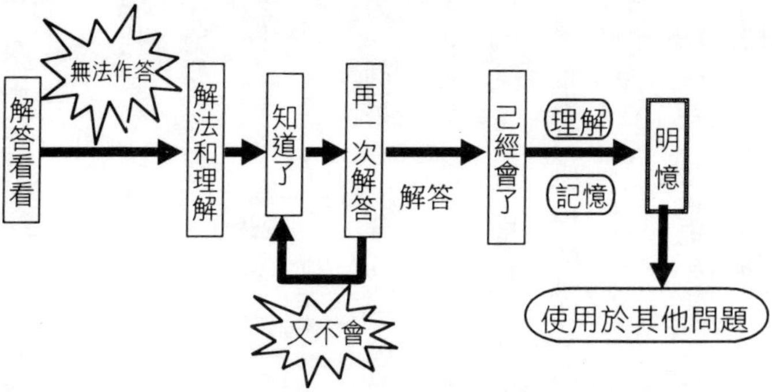

然就無法應用於考試了。以上就是數學方面所需要的「了解解答記憶的方法」。

這些方法就好像工具一般，因為不論你技術多麼好，沒有工具就無法建造房屋了。

事實上，更理想的方法是，必須學習何種場合使用何種工具，使用何種方法加以組合才行。但是有關這些，還是以後有機會再談吧！

6 能增加得分力之國文學習法

現代文學之解釋，需要多下一些功夫。本來現代文方面，很少人採取正確的學習方法。也很少人願意耗費時間去學習。但其實現代文，如果能夠採取正確的學習方法，最容易和他人拉開分數的差距。重點一為「學習加上熱門話題的知識，必須閱讀很多現代文的考試問題」。

另一種是「將要作成解答之方法，和問題一起記憶下來」。

有些國文老師說「為了學習解釋能力，應該多看書」，隨口說出不負責任的話。因為即使考試問題以議論文為中心，但連小說都看就是錯誤的。沒有學會解釋所需要的方法，只是多看書是徒勞無功的。

至於現代文的考試問題，基本上正確的答案只有一個。例如出題者問：「請問在此作者要表達什麼？」如果你回答：「作者要表達的只是如此這般。」這樣就夠了嗎？因為他並沒有詢問解答者擁有什麼想法。

現代文與學習量的關係

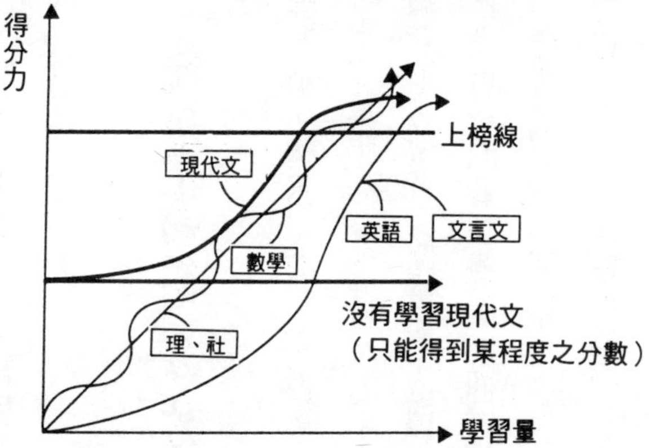

問題在於所提出的問題「你能正確掌握作者想表達的事情嗎？」這和小論文之決定性有差距之處。因為小論文還會詢問解答者之意見。

接下來是文言文。首先要擁有將文言文翻譯成現代文的知識。所以依靠問題集、考古題多閱讀現代翻譯最重要。

不論如何，文言文解釋，如果沒有確實學會，就會因不懂主詞為何，而不能加以解釋。至於入學考試所提出的問題，並非一般人都能懂的範圍。而是想了解應考者會不會了解重點。

作文和其他科目相同，如果沒有好好學習，也許可以得到一些分數，但卻不能獲得上榜的分數。因為如果還未將學習的內容輸入就要輸出，那麼，就太自不量力了。

7 能提高得分力之聯考學習法

聯考是一種獨特的考試方法。前述所說明的學習法，和聯考的學習法有若干的差距。

聯考不必做考古題筆記，而活用「歷屆大學聯考題目集」即可。

首先可一面看解答，一面分析最近兩年間考試的出題形式和解答方法，把握並學習其出題水平。

前述，由於選擇題作答方式不同，所以只有現代文部分之考古題不需去學習。但考古題以外的書籍，因過去在十年間，考過的機率有二十次左右，因此還是要多多的練習。

拚命的用功，卻不能提高分數，多半都是有關於現代文和英文長篇翻譯。這是由於不了解選擇題之選擇模式才會如此。因為雖然已經掌握到最後兩個項目，可是由於翻譯能力只有九五％，所以選擇方法才不正確。可是這些選擇題，如果沒有看本文，只看選擇題就作答，多半很難得到正確的答案。其實現代文、英文長篇或文言文，只看選擇題就能作答是最理想的，由於如此，只要依靠考古題之選擇題去詳加研究就可以了。

至於最後之綜合復習，市面上的『重點整理和聯考綜合復習』即頗具效果了。

到考試前一定要閱讀之參考書表

	參考書名	

科目　英語Ⓔ數學Ⓜ等　　最重要 A

重要 B

次要 C

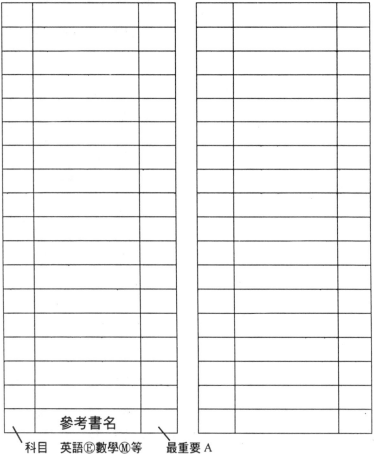

上榜鼓勵詞

〔目標〕

年　月　上榜

- 成績越來越上升。
- 湧出學習意願。
- 到正式考試時處於最巔峰。
- 對考上了，已經考上了。
- 我上榜對大家有好處。
- 由於大家的幫忙我才能上榜，謝謝大家。

封面底貼上這張表和照片

作者介紹：有賀　悠

一九六八年出生於福岡縣。福岡縣立修猷館高中畢業。一九八七年考取東大、京大、慶大文科、早大文科、理科等。一九九〇年考取甲種國家公務員、東大大學研究所。一九九一年隨著東大藥學部畢業，同時考取東大理三（醫學部理科）、藥劑師。由於志向內科醫學，轉系至東大醫學部醫學科。現在在醫學部讀全科目，涉獵可謂廣泛。因指導應考戰略之成功活躍於補習界，也頗獲好評。不僅大學聯考、高中聯考、公務員考試等一切領域，都獲得各界絕大之支持。著書有「你也能做得到，超精英之考試術」「大學聯考八八種課程」。

大展出版社有限公司　圖書目錄

地址：台北市北投區(石牌)
致遠一路二段12巷1號
郵撥：0166955～1

電話：(02)28236031
28236033
傳真：(02)28272069

・法律專欄連載・電腦編號58

台大法學院　法律學系／策劃
法律服務社／編著

1. 別讓您的權利睡著了 1		200元
2. 別讓您的權利睡著了 2		200元

・秘傳占卜系列・電腦編號14

1. 手相術	淺野八郎著	180元
2. 人相術	淺野八郎著	180元
3. 西洋占星術	淺野八郎著	180元
4. 中國神奇占卜	淺野八郎著	150元
5. 夢判斷	淺野八郎著	150元
6. 前世、來世占卜	淺野八郎著	150元
7. 法國式血型學	淺野八郎著	150元
8. 靈感、符咒學	淺野八郎著	150元
9. 紙牌占卜學	淺野八郎著	150元
10. ESP超能力占卜	淺野八郎著	150元
11. 猶太數的秘術	淺野八郎著	150元
12. 新心理測驗	淺野八郎著	160元
13. 塔羅牌預言秘法	淺野八郎著	200元

・趣味心理講座・電腦編號15

1. 性格測驗① 探索男與女	淺野八郎著	140元
2. 性格測驗② 透視人心奧秘	淺野八郎著	140元
3. 性格測驗③ 發現陌生的自己	淺野八郎著	140元
4. 性格測驗④ 發現你的真面目	淺野八郎著	140元
5. 性格測驗⑤ 讓你們吃驚	淺野八郎著	140元
6. 性格測驗⑥ 洞穿心理盲點	淺野八郎著	140元
7. 性格測驗⑦ 探索對方心理	淺野八郎著	140元
8. 性格測驗⑧ 由吃認識自己	淺野八郎著	160元
9. 性格測驗⑨ 戀愛知多少	淺野八郎著	160元
10. 性格測驗⑩ 由裝扮瞭解人心	淺野八郎著	160元

11. 性格測驗⑪ 敲開內心玄機	淺野八郎著	140元
12. 性格測驗⑫ 透視你的未來	淺野八郎著	160元
13. 血型與你的一生	淺野八郎著	160元
14. 趣味推理遊戲	淺野八郎著	160元
15. 行為語言解析	淺野八郎著	160元

·婦幼天地·電腦編號16

1. 八萬人減肥成果	黃靜香譯	180元
2. 三分鐘減肥體操	楊鴻儒譯	150元
3. 窈窕淑女美髮秘訣	柯素娥譯	130元
4. 使妳更迷人	成　玉譯	130元
5. 女性的更年期	官舒妍編譯	160元
6. 胎內育兒法	李玉瓊編譯	150元
7. 早產兒袋鼠式護理	唐岱蘭譯	200元
8. 初次懷孕與生產	婦幼天地編譯組	180元
9. 初次育兒12個月	婦幼天地編譯組	180元
10. 斷乳食與幼兒食	婦幼天地編譯組	180元
11. 培養幼兒能力與性向	婦幼天地編譯組	180元
12. 培養幼兒創造力的玩具與遊戲	婦幼天地編譯組	180元
13. 幼兒的症狀與疾病	婦幼天地編譯組	180元
14. 腿部苗條健美法	婦幼天地編譯組	180元
15. 女性腰痛別忽視	婦幼天地編譯組	150元
16. 舒展身心體操術	李玉瓊編譯	130元
17. 三分鐘臉部體操	趙薇妮著	160元
18. 生動的笑容表情術	趙薇妮著	160元
19. 心曠神怡減肥法	川津祐介著	130元
20. 內衣使妳更美麗	陳玄茹譯	130元
21. 瑜伽美姿美容	黃靜香編著	180元
22. 高雅女性裝扮學	陳珮玲譯	180元
23. 蠶糞肌膚美顏法	坂梨秀子著	160元
24. 認識妳的身體	李玉瓊譯	160元
25. 產後恢復苗條體態	居理安・芙萊喬著	200元
26. 正確護髮美容法	山崎伊久江著	180元
27. 安琪拉美姿養生學	安琪拉蘭斯博瑞著	180元
28. 女體性醫學剖析	增田豐著	220元
29. 懷孕與生產剖析	岡部綾子著	180元
30. 斷奶後的健康育兒	東城百合子著	220元
31. 引出孩子幹勁的責罵藝術	多湖輝著	170元
32. 培養孩子獨立的藝術	多湖輝著	170元
33. 子宮肌瘤與卵巢囊腫	陳秀琳編著	180元
34. 下半身減肥法	納他夏・史達賓著	180元
35. 女性自然美容法	吳雅菁編著	180元
36. 再也不發胖	池園悅太郎著	170元

37. 生男生女控制術	中垣勝裕著	220 元
38. 使妳的肌膚更亮麗	楊　皓編著	170 元
39. 臉部輪廓變美	芝崎義夫著	180 元
40. 斑點、皺紋自己治療	高須克彌著	180 元
41. 面皰自己治療	伊藤雄康著	180 元
42. 隨心所欲瘦身冥想法	原久子著	180 元
43. 胎兒革命	鈴木丈織著	180 元
44. NS 磁氣平衡法塑造窈窕奇蹟	古屋和江著	180 元
45. 享瘦從腳開始	山田陽子著	180 元
46. 小改變瘦 4 公斤	宮本裕子著	180 元
47. 軟管減肥瘦身	高橋輝男著	180 元
48. 海藻精神秘美容法	劉名揚編著	180 元
49. 肌膚保養與脫毛	鈴木真理著	180 元
50. 10 天減肥 3 公斤	彤雲編輯組	180 元
51. 穿出自己的品味	西村玲子著	280 元
52. 小孩髮型設計	李芳黛譯	250 元

・青 春 天 地・電腦編號 17

1. A 血型與星座	柯素娥編譯	160 元
2. B 血型與星座	柯素娥編譯	160 元
3. O 血型與星座	柯素娥編譯	160 元
4. AB 血型與星座	柯素娥編譯	120 元
5. 青春期性教室	呂貴嵐編譯	130 元
7. 難解數學破題	宋釗宜編譯	130 元
9. 小論文寫作秘訣	林顯茂編譯	120 元
11. 中學生野外遊戲	熊谷康編著	120 元
12. 恐怖極短篇	柯素娥編譯	130 元
13. 恐怖夜話	小毛驢編譯	130 元
14. 恐怖幽默短篇	小毛驢編譯	120 元
15. 黑色幽默短篇	小毛驢編譯	120 元
16. 靈異怪談	小毛驢編譯	130 元
17. 錯覺遊戲	小毛驢編著	130 元
18. 整人遊戲	小毛驢編著	150 元
19. 有趣的超常識	柯素娥編譯	130 元
20. 哦！原來如此	林慶旺編譯	130 元
21. 趣味競賽 100 種	劉名揚編譯	120 元
22. 數學謎題入門	宋釗宜編譯	150 元
23. 數學謎題解析	宋釗宜編譯	150 元
24. 透視男女心理	林慶旺編譯	120 元
25. 少女情懷的自白	李桂蘭編譯	120 元
26. 由兄弟姊妹看命運	李玉瓊編譯	130 元
27. 趣味的科學魔術	林慶旺編譯	150 元
28. 趣味的心理實驗室	李燕玲編譯	150 元

29. 愛與性心理測驗	小毛驢編譯	130 元
30. 刑案推理解謎	小毛驢編譯	180 元
31. 偵探常識推理	小毛驢編譯	180 元
32. 偵探常識解謎	小毛驢編譯	130 元
33. 偵探推理遊戲	小毛驢編譯	130 元
34. 趣味的超魔術	廖玉山編著	150 元
35. 趣味的珍奇發明	柯素娥編著	150 元
36. 登山用具與技巧	陳瑞菊編著	150 元
37. 性的漫談	蘇燕謀編著	180 元
38. 無的漫談	蘇燕謀編著	180 元
39. 黑色漫談	蘇燕謀編著	180 元
40. 白色漫談	蘇燕謀編著	180 元

・健 康 天 地・電腦編號 18

1. 壓力的預防與治療	柯素娥編譯	130 元
2. 超科學氣的魔力	柯素娥編譯	130 元
3. 尿療法治病的神奇	中尾良一著	130 元
4. 鐵證如山的尿療法奇蹟	廖玉山譯	120 元
5. 一日斷食健康法	葉慈容編譯	150 元
6. 胃部強健法	陳炳崑譯	120 元
7. 癌症早期檢查法	廖松濤譯	160 元
8. 老人痴呆症防止法	柯素娥編譯	130 元
9. 松葉汁健康飲料	陳麗芬編譯	130 元
10. 揉肚臍健康法	永井秋夫著	150 元
11. 過勞死、猝死的預防	卓秀貞編譯	130 元
12. 高血壓治療與飲食	藤山順豐著	180 元
13. 老人看護指南	柯素娥編譯	150 元
14. 美容外科淺談	楊啟宏著	150 元
15. 美容外科新境界	楊啟宏著	150 元
16. 鹽是天然的醫生	西英司郎著	140 元
17. 年輕十歲不是夢	梁瑞麟譯	200 元
18. 茶料理治百病	桑野和民著	180 元
19. 綠茶治病寶典	桑野和民著	150 元
20. 杜仲茶養顏減肥法	西田博著	150 元
21. 蜂膠驚人療效	瀨長良三郎著	180 元
22. 蜂膠治百病	瀨長良三郎著	180 元
23. 醫藥與生活㈠	鄭炳全著	180 元
24. 鈣長生寶典	落合敏著	180 元
25. 大蒜長生寶典	木下繁太郎著	160 元
26. 居家自我健康檢查	石川恭三著	160 元
27. 永恆的健康人生	李秀鈴譯	200 元
28. 大豆卵磷脂長生寶典	劉雪卿譯	150 元
29. 芳香療法	梁艾琳譯	160 元

30. 醋長生寶典	柯素娥譯	180 元
31. 從星座透視健康	席拉・吉蒂斯著	180 元
32. 愉悅自在保健學	野本二士夫著	160 元
33. 裸睡健康法	丸山淳士等著	160 元
34. 糖尿病預防與治療	藤田順豐著	180 元
35. 維他命長生寶典	菅原明子著	180 元
36. 維他命 C 新效果	鐘文訓編	150 元
37. 手、腳病理按摩	堤芳朗著	160 元
38. AIDS 瞭解與預防	彼得塔歇爾著	180 元
39. 甲殼質殼聚糖健康法	沈永嘉譯	160 元
40. 神經痛預防與治療	木下真男著	160 元
41. 室內身體鍛鍊法	陳炳崑編著	160 元
42. 吃出健康藥膳	劉大器編著	180 元
43. 自我指壓術	蘇燕謀編著	160 元
44. 紅蘿蔔汁斷食療法	李玉瓊編著	150 元
45. 洗心術健康秘法	竺翠萍編譯	170 元
46. 枇杷葉健康療法	柯素娥編譯	180 元
47. 抗衰血癒	楊啟宏著	180 元
48. 與癌搏鬥記	逸見政孝著	180 元
49. 冬蟲夏草長生寶典	高橋義博著	170 元
50. 痔瘡・大腸疾病先端療法	宮島伸宜著	180 元
51. 膠布治癒頑固慢性病	加瀨建造著	180 元
52. 芝麻神奇健康法	小林貞作著	170 元
53. 香煙能防止癡呆？	高田明和著	180 元
54. 穀菜食治癌療法	佐藤成志著	180 元
55. 貼藥健康法	松原英多著	180 元
56. 克服癌症調和道呼吸法	帶津良一著	180 元
57. B 型肝炎預防與治療	野村喜重郎著	180 元
58. 青春永駐養生導引術	早島正雄著	180 元
59. 改變呼吸法創造健康	原久子著	180 元
60. 荷爾蒙平衡養生秘訣	出村博著	180 元
61. 水美肌健康法	井戶勝富著	170 元
62. 認識食物掌握健康	廖梅珠編著	170 元
63. 痛風劇痛消除法	鈴木吉彥著	180 元
64. 酸莖菌驚人療效	上田明彥著	180 元
65. 大豆卵磷脂治現代病	神津健一著	200 元
66. 時辰療法—危險時刻凌晨 4 時	呂建強等著	180 元
67. 自然治癒力提升法	帶津良一著	180 元
68. 巧妙的氣保健法	藤平墨子著	180 元
69. 治癒 C 型肝炎	熊田博光著	180 元
70. 肝臟病預防與治療	劉名揚編著	180 元
71. 腰痛平衡療法	荒井政信著	180 元
72. 根治多汗症、狐臭	稻葉益巳著	220 元
73. 40 歲以後的骨質疏鬆症	沈永嘉譯	180 元

74. 認識中藥	松下一成著	180 元
75. 認識氣的科學	佐佐木茂美著	180 元
76. 我戰勝了癌症	安田伸著	180 元
77. 斑點是身心的危險信號	中野進著	180 元
78. 艾波拉病毒大震撼	玉川重德著	180 元
79. 重新還我黑髮	桑名隆一郎著	180 元
80. 身體節律與健康	林博史著	180 元
81. 生薑治萬病	石原結實著	180 元
82. 靈芝治百病	陳瑞東著	180 元
83. 木炭驚人的威力	大槻彰著	200 元
84. 認識活性氧	井土貴司著	180 元
85. 深海鮫治百病	廖玉山編著	180 元
86. 神奇的蜂王乳	井上丹治著	180 元
87. 卡拉 OK 健腦法	東潔著	180 元
88. 卡拉 OK 健康法	福田伴男著	180 元
89. 醫藥與生活㈡	鄭炳全著	200 元
90. 洋蔥治百病	宮尾興平著	180 元
91. 年輕 10 歲快步健康法	石塚忠雄著	180 元
92. 石榴的驚人神效	岡本順子著	180 元
93. 飲料健康法	白鳥早奈英著	180 元
94. 健康棒體操	劉名揚編譯	180 元
95. 催眠健康法	蕭京凌編著	180 元
96. 鬱金（美王）治百病	水野修一著	180 元

・實用女性學講座・電腦編號 19

1. 解讀女性內心世界	島田一男著	150 元
2. 塑造成熟的女性	島田一男著	150 元
3. 女性整體裝扮學	黃靜香編著	180 元
4. 女性應對禮儀	黃靜香編著	180 元
5. 女性婚前必修	小野十傳著	200 元
6. 徹底瞭解女人	田口二州著	180 元
7. 拆穿女性謊言 88 招	島田一男著	200 元
8. 解讀女人心	島田一男著	200 元
9. 俘獲女性絕招	志賀貢著	200 元
10. 愛情的壓力解套	中村理英子著	200 元
11. 妳是人見人愛的女孩	廖松濤編著	200 元

・校園系列・電腦編號 20

1. 讀書集中術	多湖輝著	180 元
2. 應考的訣竅	多湖輝著	150 元
3. 輕鬆讀書贏得聯考	多湖輝著	150 元

4.	讀書記憶秘訣	多湖輝著	150 元
5.	視力恢復！超速讀術	江錦雲譯	180 元
6.	讀書 36 計	黃柏松編著	180 元
7.	驚人的速讀術	鐘文訓編著	170 元
8.	學生課業輔導良方	多湖輝著	180 元
9.	超速讀超記憶法	廖松濤編著	180 元
10.	速算解題技巧	宋釗宜編著	200 元
11.	看圖學英文	陳炳崑編著	200 元
12.	讓孩子最喜歡數學	沈永嘉譯	180 元
13.	催眠記憶術	林碧清譯	180 元
14.	催眠速讀術	林碧清譯	180 元
15.	數學式思考學習法	劉淑錦譯	200 元
16.	考試憑要領	劉孝暉著	180 元
17.	事半功倍讀書法	王毅希著	200 元
18.	超金榜題名術	陳蒼杰譯	200 元

・實用心理學講座・電腦編號 21

1.	拆穿欺騙伎倆	多湖輝著	140 元
2.	創造好構想	多湖輝著	140 元
3.	面對面心理術	多湖輝著	160 元
4.	偽裝心理術	多湖輝著	140 元
5.	透視人性弱點	多湖輝著	140 元
6.	自我表現術	多湖輝著	180 元
7.	不可思議的人性心理	多湖輝著	180 元
8.	催眠術入門	多湖輝著	150 元
9.	責罵部屬的藝術	多湖輝著	150 元
10.	精神力	多湖輝著	150 元
11.	厚黑說服術	多湖輝著	150 元
12.	集中力	多湖輝著	150 元
13.	構想力	多湖輝著	150 元
14.	深層心理術	多湖輝著	160 元
15.	深層語言術	多湖輝著	160 元
16.	深層說服術	多湖輝著	180 元
17.	掌握潛在心理	多湖輝著	160 元
18.	洞悉心理陷阱	多湖輝著	180 元
19.	解讀金錢心理	多湖輝著	180 元
20.	拆穿語言圈套	多湖輝著	180 元
21.	語言的內心玄機	多湖輝著	180 元
22.	積極力	多湖輝著	180 元

·超現實心理講座· 電腦編號 22

1.	超意識覺醒法	詹蔚芬編譯	130 元
2.	護摩秘法與人生	劉名揚編譯	130 元
3.	秘法！超級仙術入門	陸明譯	150 元
4.	給地球人的訊息	柯素娥編著	150 元
5.	密教的神通力	劉名揚編著	130 元
6.	神秘奇妙的世界	平川陽一著	200 元
7.	地球文明的超革命	吳秋嬌譯	200 元
8.	力量石的秘密	吳秋嬌譯	180 元
9.	超能力的靈異世界	馬小莉譯	200 元
10.	逃離地球毀滅的命運	吳秋嬌譯	200 元
11.	宇宙與地球終結之謎	南山宏著	200 元
12.	驚世奇功揭秘	傅起鳳著	200 元
13.	啟發身心潛力心象訓練法	栗田昌裕著	180 元
14.	仙道術遁甲法	高藤聰一郎著	220 元
15.	神通力的秘密	中岡俊哉著	180 元
16.	仙人成仙術	高藤聰一郎著	200 元
17.	仙道符咒氣功法	高藤聰一郎著	220 元
18.	仙道風水術尋龍法	高藤聰一郎著	200 元
19.	仙道奇蹟超幻像	高藤聰一郎著	200 元
20.	仙道鍊金術房中法	高藤聰一郎著	200 元
21.	奇蹟超醫療治癒難病	深野一幸著	220 元
22.	揭開月球的神秘力量	超科學研究會	180 元
23.	西藏密教奧義	高藤聰一郎著	250 元
24.	改變你的夢術入門	高藤聰一郎著	250 元
25.	21 世紀拯救地球超技術	深野一幸著	250 元

·養 生 保 健· 電腦編號 23

1.	醫療養生氣功	黃孝寬著	250 元
2.	中國氣功圖譜	余功保著	250 元
3.	少林醫療氣功精粹	井玉蘭著	250 元
4.	龍形實用氣功	吳大才等著	220 元
5.	魚戲增視強身氣功	宮　嬰著	220 元
6.	嚴新氣功	前新培金著	250 元
7.	道家玄牝氣功	張　章著	200 元
8.	仙家秘傳袪病功	李遠國著	160 元
9.	少林十大健身功	秦慶豐著	180 元
10.	中國自控氣功	張明武著	250 元
11.	醫療防癌氣功	黃孝寬著	250 元
12.	醫療強身氣功	黃孝寬著	250 元
13.	醫療點穴氣功	黃孝寬著	250 元

27. 機智說話術	劉華亭編著	180 元
28. 心理諮商室	柯素娥譯	180 元
29. 如何在公司崢嶸頭角	佐佐木正著	180 元
30. 機智應對術	李玉瓊編著	200 元
31. 克服低潮良方	坂野雄二著	180 元
32. 智慧型說話技巧	沈永嘉編著	180 元
33. 記憶力、集中力增進術	廖松濤編著	180 元
34. 女職員培育術	林慶旺編著	180 元
35. 自我介紹與社交禮儀	柯素娥編著	180 元
36. 積極生活創幸福	田中真澄著	180 元
37. 妙點子超構想	多湖輝著	180 元
38. 說 NO 的技巧	廖玉山編著	180 元
39. 一流說服力	李玉瓊編著	180 元
40. 般若心經成功哲學	陳鴻蘭編著	180 元
41. 訪問推銷術	黃靜香編著	180 元
42. 男性成功秘訣	陳蒼杰編著	180 元
43. 笑容、人際智商	宮川澄子著	180 元
44. 多湖輝的構想工作室	多湖輝著	200 元
45. 名人名語啟示錄	喬家楓著	180 元
46. 口才必勝術	黃柏松編著	220 元
47. 能言善道的說話術	章智冠編著	180 元
48. 改變人心成為贏家	多湖輝著	200 元
49. 說服的ＩＱ	沈永嘉譯	200 元
50. 提升腦力超速讀術	齊藤英治著	200 元
51. 操控對手百戰百勝	多湖輝著	200 元

・精 選 系 列・電腦編號 25

1. 毛澤東與鄧小平	渡邊利夫等著	280 元
2. 中國大崩裂	江戶介雄著	180 元
3. 台灣・亞洲奇蹟	上村幸治著	220 元
4. 7-ELEVEN 高盈收策略	國友隆一著	180 元
5. 台灣獨立（新・中國日本戰爭一）	森詠著	200 元
6. 迷失中國的末路	江戶雄介著	220 元
7. 2000 年 5 月全世界毀滅	紫藤甲子男著	180 元
8. 失去鄧小平的中國	小島朋之著	220 元
9. 世界史爭議性異人傳	桐生操著	200 元
10. 淨化心靈享人生	松濤弘道著	220 元
11. 人生心情診斷	賴藤和寬著	220 元
12. 中美大決戰	檜山良昭著	220 元
13. 黃昏帝國美國	莊雯琳譯	220 元
14. 兩岸衝突（新・中國日本戰爭二）	森詠著	220 元
15. 封鎖台灣（新・中國日本戰爭三）	森詠著	220 元
16. 中國分裂（新・中國日本戰爭四）	森詠著	220 元

17. 由女變男的我	虎井正衛著	200元
18. 佛學的安心立命	松濤弘道著	220元
19. 世界喪禮大觀	松濤弘道著	280元
20. 中國內戰（新・中國日本戰爭五）	森詠著	220元
21. 台灣內亂（新・中國日本戰爭六）	森詠著	220元
22. 琉球戰爭①（新・中國日本戰爭七）	森詠著	220元
23. 琉球戰爭②（新・中國日本戰爭八）	森詠著	220元

・運 動 遊 戲・電腦編號 26

1. 雙人運動	李玉瓊譯	160元
2. 愉快的跳繩運動	廖玉山譯	180元
3. 運動會項目精選	王佑京譯	150元
4. 肋木運動	廖玉山譯	150元
5. 測力運動	王佑宗譯	150元
6. 游泳入門	唐桂萍編著	200元

・休 閒 娛 樂・電腦編號 27

1. 海水魚飼養法	田中智浩著	300元
2. 金魚飼養法	曾雪玫譯	250元
3. 熱門海水魚	毛利匡明著	480元
4. 愛犬的教養與訓練	池田好雄著	250元
5. 狗教養與疾病	杉浦哲著	220元
6. 小動物養育技巧	三上昇著	300元
7. 水草選擇、培育、消遣	安齊裕司著	300元
8. 四季釣魚法	釣朋會著	200元
9. 簡易釣魚入門	張果馨譯	200元
10. 防波堤釣入門	張果馨譯	220元
20. 園藝植物管理	船越亮二著	220元
40. 撲克牌遊戲與贏牌秘訣	林振輝編著	180元
41. 撲克牌魔術、算命、遊戲	林振輝編著	180元
42. 撲克占卜入門	王家成編著	180元
50. 兩性幽默	幽默選集編輯組	180元
51. 異色幽默	幽默選集編輯組	180元

・銀髮族智慧學・電腦編號 28

1. 銀髮六十樂逍遙	多湖輝著	170元
2. 人生六十反年輕	多湖輝著	170元
3. 六十歲的決斷	多湖輝著	170元
4. 銀髮族健身指南	孫瑞台編著	250元
5. 退休後的夫妻健康生活	施聖茹譯	200元

・飲 食 保 健・電腦編號 29

1.	自己製作健康茶	大海淳著	220 元
2.	好吃、具藥效茶料理	德永睦子著	220 元
3.	改善慢性病健康藥草茶	吳秋嬌譯	200 元
4.	藥酒與健康果菜汁	成玉編著	250 元
5.	家庭保健養生湯	馬汴梁編著	220 元
6.	降低膽固醇的飲食	早川和志著	200 元
7.	女性癌症的飲食	女子營養大學	280 元
8.	痛風者的飲食	女子營養大學	280 元
9.	貧血者的飲食	女子營養大學	280 元
10.	高脂血症者的飲食	女子營養大學	280 元
11.	男性癌症的飲食	女子營養大學	280 元
12.	過敏者的飲食	女子營養大學	280 元
13.	心臟病的飲食	女子營養大學	280 元
14.	滋陰壯陽的飲食	王增著	220 元
15.	胃、十二指腸潰瘍的飲食	勝健一等著	280 元
16.	肥胖者的飲食	雨宮禎子等著	280 元

・家庭醫學保健・電腦編號 30

1.	女性醫學大全	雨森良彥著	380 元
2.	初為人父育兒寶典	小瀧周曹著	220 元
3.	性活力強健法	相建華著	220 元
4.	30 歲以上的懷孕與生產	李芳黛編著	220 元
5.	舒適的女性更年期	野末悅子著	200 元
6.	夫妻前戲的技巧	笠井寬司著	200 元
7.	病理足穴按摩	金慧明著	220 元
8.	爸爸的更年期	河野孝旺著	200 元
9.	橡皮帶健康法	山田晶著	180 元
10.	三十三天健美減肥	相建華等著	180 元
11.	男性健美入門	孫玉祿編著	180 元
12.	強化肝臟秘訣	主婦の友社編	200 元
13.	了解藥物副作用	張果馨譯	200 元
14.	女性醫學小百科	松山榮吉著	200 元
15.	左轉健康法	龜田修等著	200 元
16.	實用天然藥物	鄭炳全編著	260 元
17.	神秘無痛平衡療法	林宗駛著	180 元
18.	膝蓋健康法	張果馨譯	180 元
19.	針灸治百病	葛書翰著	250 元
20.	異位性皮膚炎治癒法	吳秋嬌譯	220 元
21.	禿髮白髮預防與治療	陳炳崑編著	180 元
22.	埃及皇宮菜健康法	飯森薰著	200 元

23. 肝臟病安心治療	上野幸久著	220 元
24. 耳穴治百病	陳抗美等著	250 元
25. 高效果指壓法	五十嵐康彥著	200 元
26. 瘦水、胖水	鈴木園子著	200 元
27. 手針新療法	朱振華著	200 元
28. 香港腳預防與治療	劉小惠譯	250 元
29. 智慧飲食吃出健康	柯富陽編著	200 元
30. 牙齒保健法	廖玉山編著	200 元
31. 恢復元氣養生食	張果馨譯	200 元
32. 特效推拿按摩術	李玉田著	200 元
33. 一週一次健康法	若狹真著	200 元
34. 家常科學膳食	大塚滋著	220 元
35. 夫妻們關心的男性不孕	原利夫著	220 元
36. 自我瘦身美容	馬野詠子著	200 元
37. 魔法姿勢益健康	五十嵐康彥著	200 元
38. 眼病錘療法	馬栩周著	200 元
39. 預防骨質疏鬆症	藤田拓男著	200 元
40. 骨質增生效驗方	李吉茂編著	250 元
41. 蕺菜健康法	小林正夫著	200 元
42. 赧於啟齒的男性煩惱	增田豐著	220 元
43. 簡易自我健康檢查	稻葉允著	250 元
44. 實用花草健康法	友田純子著	200 元
45. 神奇的手掌療法	日比野喬著	230 元
46. 家庭式三大穴道療法	刑部忠和著	200 元
47. 子宮癌、卵巢癌	岡島弘幸著	220 元
48. 糖尿病機能性食品	劉雪卿編著	220 元
49. 奇蹟活現經脈美容法	林振輝編譯	200 元
50. Super SEX	秋好憲一著	220 元
51. 了解避孕丸	林玉佩譯	200 元
52. 有趣的遺傳學	蕭京凌編著	200 元
53. 強身健腦手指運動	羅群等著	250 元
54. 小周天健康法	莊雯琳譯	200 元
55. 中西醫結合醫療	陳蒼杰譯	200 元
56. 沐浴健康法	楊鴻儒譯	200 元
57. 節食瘦身秘訣	張芷欣編著	200 元

・超經營新智慧・電腦編號 31

1. 躍動的國家越南	林雅倩譯	250 元
2. 甦醒的小龍菲律賓	林雅倩譯	220 元
3. 中國的危機與商機	中江要介著	250 元
4. 在印度的成功智慧	山內利男著	220 元
5. 7-ELEVEN 大革命	村上豐道著	200 元
6. 業務員成功秘方	呂育清編著	200 元

7. 在亞洲成功的智慧	鈴木讓二著	220 元
8. 圖解活用經營管理	山際有文著	220 元
9. 速效行銷學	江尻弘著	220 元

・親子系列・電腦編號 32

1. 如何使孩子出人頭地	多湖輝著	200 元
2. 心靈啟蒙教育	多湖輝著	280 元

・雅致系列・電腦編號 33

1. 健康食譜春冬篇	丸元淑生著	200 元
2. 健康食譜夏秋篇	丸元淑生著	200 元
3. 純正家庭料理	陳建民等著	200 元
4. 家庭四川菜	陳建民著	200 元
5. 醫食同源健康美食	郭長聚著	200 元
6. 家族健康食譜	東畑朝子著	200 元

・美術系列・電腦編號 34

1. 可愛插畫集	鉛筆等著	220 元
2. 人物插畫集	鉛筆等著	220 元

・心 靈 雅 集・電腦編號 00

1. 禪言佛語看人生	松濤弘道著	180 元
2. 禪密教的奧秘	葉逯謙譯	120 元
3. 觀音大法力	田口日勝著	120 元
4. 觀音法力的大功德	田口日勝著	120 元
5. 達摩禪 106 智慧	劉華亭編譯	220 元
6. 有趣的佛教研究	葉逯謙編譯	170 元
7. 夢的開運法	蕭京凌譯	180 元
8. 禪學智慧	柯素娥編譯	130 元
9. 女性佛教入門	許俐萍譯	110 元
10. 佛像小百科	心靈雅集編譯組	130 元
11. 佛教小百科趣談	心靈雅集編譯組	120 元
12. 佛教小百科漫談	心靈雅集編譯組	150 元
13. 佛教知識小百科	心靈雅集編譯組	150 元
14. 佛學名言智慧	松濤弘道著	220 元
15. 釋迦名言智慧	松濤弘道著	220 元
16. 活人禪	平田精耕著	120 元
17. 坐禪入門	柯素娥編譯	150 元
18. 現代禪悟	柯素娥編譯	130 元

19. 道元禪師語錄	心靈雅集編譯組	130元
20. 佛學經典指南	心靈雅集編譯組	130元
21. 何謂「生」阿含經	心靈雅集編譯組	150元
22. 一切皆空　般若心經	心靈雅集編譯組	180元
23. 超越迷惘　法句經	心靈雅集編譯組	130元
24. 開拓宇宙觀　華嚴經	心靈雅集編譯組	180元
25. 真實之道　法華經	心靈雅集編譯組	130元
26. 自由自在　涅槃經	心靈雅集編譯組	130元
27. 沈默的教示　維摩經	心靈雅集編譯組	150元
28. 開通心眼　佛語佛戒	心靈雅集編譯組	130元
29. 揭秘寶庫　密教經典	心靈雅集編譯組	180元
30. 坐禪與養生	廖松濤譯	110元
31. 釋尊十戒	柯素娥編譯	120元
32. 佛法與神通	劉欣如編著	120元
33. 悟（正法眼藏的世界）	柯素娥編譯	120元
34. 只管打坐	劉欣如編著	120元
35. 喬答摩・佛陀傳	劉欣如編著	120元
36. 唐玄奘留學記	劉欣如編著	120元
37. 佛教的人生觀	劉欣如編譯	110元
38. 無門關（上卷）	心靈雅集編譯組	150元
39. 無門關（下卷）	心靈雅集編譯組	150元
40. 業的思想	劉欣如編著	130元
41. 佛法難學嗎	劉欣如著	140元
42. 佛法實用嗎	劉欣如著	140元
43. 佛法殊勝嗎	劉欣如著	140元
44. 因果報應法則	李常傳編	180元
45. 佛教醫學的奧秘	劉欣如編著	150元
46. 紅塵絕唱	海　若著	130元
47. 佛教生活風情	洪丕謨、姜玉珍著	220元
48. 行住坐臥有佛法	劉欣如著	160元
49. 起心動念是佛法	劉欣如著	160元
50. 四字禪語	曹洞宗青年會	200元
51. 妙法蓮華經	劉欣如編著	160元
52. 根本佛教與大乘佛教	葉作森編	180元
53. 大乘佛經	定方晟著	180元
54. 須彌山與極樂世界	定方晟著	180元
55. 阿闍世的悟道	定方晟著	180元
56. 金剛經的生活智慧	劉欣如著	180元
57. 佛教與儒教	劉欣如編譯	180元
58. 佛教史入門	劉欣如編譯	180元
59. 印度佛教思想史	劉欣如編譯	200元
60. 佛教與女姓	劉欣如編譯	180元
61. 禪與人生	洪丕謨主編	260元
62. 領悟佛經的智慧	劉欣如著	200元

・經 營 管 理・電腦編號 01

◎ 創新經營管理六十六大計(精)	蔡弘文編	780 元
1. 如何獲取生意情報	蘇燕謀譯	110 元
2. 經濟常識問答	蘇燕謀譯	130 元
4. 台灣商戰風雲錄	陳中雄著	120 元
5. 推銷大王秘錄	原一平著	180 元
6. 新創意・賺大錢	王家成譯	90 元
7. 工廠管理新手法	琪　輝著	120 元
10. 美國實業 24 小時	柯順隆譯	80 元
11. 撼動人心的推銷法	原一平著	150 元
12. 高竿經營法	蔡弘文編	120 元
13. 如何掌握顧客	柯順隆譯	150 元
17. 一流的管理	蔡弘文編	150 元
18. 外國人看中韓經濟	劉華亭譯	150 元
20. 突破商場人際學	林振輝編著	90 元
22. 如何使女人打開錢包	林振輝編著	100 元
24. 小公司經營策略	王嘉誠著	160 元
25. 成功的會議技巧	鐘文訓編譯	100 元
26. 新時代老闆學	黃柏松編著	100 元
27. 如何創造商場智囊團	林振輝編譯	150 元
28. 十分鐘推銷術	林振輝編譯	180 元
29. 五分鐘育才	黃柏松編譯	100 元
33. 自我經濟學	廖松濤編譯	100 元
34. 一流的經營	陶田生編著	120 元
35. 女性職員管理術	王昭國編譯	120 元
36. ＩＢＭ的人事管理	鐘文訓編譯	150 元
37. 現代電腦常識	王昭國編譯	150 元
38. 電腦管理的危機	鐘文訓編譯	120 元
39. 如何發揮廣告效果	王昭國編譯	150 元
40. 最新管理技巧	王昭國編譯	150 元
41. 一流推銷術	廖松濤編譯	150 元
42. 包裝與促銷技巧	王昭國編譯	130 元
43. 企業王國指揮塔	松下幸之助著	120 元
44. 企業精銳兵團	松下幸之助著	120 元
45. 企業人事管理	松下幸之助著	100 元
46. 華僑經商致富術	廖松濤編譯	130 元
47. 豐田式銷售技巧	廖松濤編譯	180 元
48. 如何掌握銷售技巧	王昭國編著	130 元
50. 洞燭機先的經營	鐘文訓編譯	150 元
52. 新世紀的服務業	鐘文訓編譯	100 元
53. 成功的領導者	廖松濤編譯	120 元
54. 女推銷員成功術	李玉瓊編譯	130 元

55. IBM人才培育術	鐘文訓編譯	100元
56. 企業人自我突破法	黃琪輝編著	150元
58. 財富開發術	蔡弘文編著	130元
59. 成功的店舖設計	鐘文訓編著	150元
61. 企管回春法	蔡弘文編著	130元
62. 小企業經營指南	鐘文訓編譯	100元
63. 商場致勝名言	鐘文訓編譯	150元
64. 迎接商業新時代	廖松濤編譯	100元
66. 新手股票投資入門	何朝乾編著	200元
67. 上揚股與下跌股	何朝乾編譯	180元
68. 股票速成學	何朝乾編譯	200元
69. 理財與股票投資策略	黃俊豪編著	180元
70. 黃金投資策略	黃俊豪編著	180元
71. 厚黑管理學	廖松濤編譯	180元
72. 股市致勝格言	呂梅莎編譯	180元
73. 透視西武集團	林谷燁編譯	150元
76. 巡迴行銷術	陳蒼杰譯	150元
77. 推銷的魔術	王嘉誠譯	120元
78. 60秒指導部屬	周蓮芬編譯	150元
79. 精銳女推銷員特訓	李玉瓊編譯	130元
80. 企劃、提案、報告圖表的技巧	鄭汶譯	180元
81. 海外不動產投資	許達守編譯	150元
82. 八百伴的世界策略	李玉瓊譯	150元
83. 服務業品質管理	吳宜芬譯	180元
84. 零庫存銷售	黃東謙編譯	150元
85. 三分鐘推銷管理	劉名揚編譯	150元
86. 推銷大王奮鬥史	原一平著	150元
87. 豐田汽車的生產管理	林谷燁編譯	150元

・成 功 寶 庫・電腦編號 02

1. 上班族交際術	江森滋著	100元
2. 拍馬屁訣竅	廖玉山編譯	110元
4. 聽話的藝術	歐陽輝編譯	110元
9. 求職轉業成功術	陳義編著	110元
10. 上班族禮儀	廖玉山編著	120元
11. 接近心理學	李玉瓊編著	100元
12. 創造自信的新人生	廖松濤編著	120元
15. 神奇瞬間瞑想法	廖松濤編譯	100元
16. 人生成功之鑰	楊意苓編著	150元
19. 給企業人的諍言	鐘文訓編著	120元
20. 企業家自律訓練法	陳義編譯	100元
21. 上班族妖怪學	廖松濤編著	100元
22. 猶太人縱橫世界的奇蹟	孟佑政編著	110元

25. 你是上班族中強者　嚴思圖編著　100 元
30. 成功頓悟 100 則　蕭京凌編譯　130 元
32. 知性幽默　李玉瓊編譯　130 元
33. 熟記對方絕招　黃靜香編譯　100 元
37. 察言觀色的技巧　劉華亭編著　180 元
38. 一流領導力　施義彥編譯　120 元
40. 30 秒鐘推銷術　廖松濤編譯　150 元
42. 尖端時代行銷策略　陳蒼杰編著　100 元
43. 顧客管理學　廖松濤編著　100 元
44. 如何使對方說 Yes　程羲編著　150 元
47. 上班族口才學　楊鴻儒譯　120 元
48. 上班族新鮮人須知　程羲編著　120 元
49. 如何左右逢源　程羲編著　130 元
50. 語言的心理戰　多湖輝著　130 元
55. 性惡企業管理學　陳蒼杰譯　130 元
56. 自我啟發 200 招　楊鴻儒編著　150 元
57. 做個傑出女職員　劉名揚編著　130 元
58. 靈活的集團營運術　楊鴻儒編著　120 元
60. 個案研究活用法　楊鴻儒編著　130 元
61. 企業教育訓練遊戲　楊鴻儒編著　120 元
62. 管理者的智慧　程義編譯　130 元
63. 做個佼佼管理者　馬筱莉編譯　130 元
67. 活用禪學於企業　柯素娥編譯　130 元
69. 幽默詭辯術　廖玉山編譯　150 元
70. 拿破崙智慧箴言　柯素娥編譯　130 元
71. 自我培育・超越　蕭京凌編譯　150 元
74. 時間即一切　沈永嘉編譯　130 元
75. 自我脫胎換骨　柯素娥譯　150 元
76. 贏在起跑點　人才培育鐵則　楊鴻儒編譯　150 元
77. 做一枚活棋　李玉瓊編譯　130 元
78. 面試成功戰略　柯素娥編譯　130 元
81. 瞬間攻破心防法　廖玉山編譯　120 元
82. 改變一生的名言　李玉瓊編譯　130 元
83. 性格性向創前程　楊鴻儒編譯　130 元
84. 訪問行銷新竅門　廖玉山編譯　150 元
85. 無所不達的推銷話術　李玉瓊編譯　150 元

・處　世　智　慧・電腦編號 03

1. 如何改變你自己　陸明編譯　120 元
6. 靈感成功術　譚繼山編譯　80 元
8. 扭轉一生的五分鐘　黃柏松編譯　100 元
10. 現代人的詭計　林振輝譯　100 元
14. 女性的智慧　譚繼山編譯　90 元

16. 人生的體驗	陸明編譯	80元
18. 幽默吹牛術	金子登著	90元
24. 慧心良言	亦奇著	80元
25. 名家慧語	蔡逸鴻主編	90元
28. 如何發揮你的潛能	陸明編譯	90元
29. 女人身態語言學	李常傳譯	130元
30. 摸透女人心	張文志譯	90元
32. 給女人的悄悄話	妮倩編譯	90元
36. 成功的捷徑	鐘文訓譯	70元
37. 幽默逗笑術	林振輝著	120元
38. 活用血型讀書法	陳炳崑譯	80元
39. 心　燈	葉于模著	100元
41. 心・體・命運	蘇燕謀譯	70元
43. 宮本武藏五輪書金言錄	宮本武藏著	100元
47. 成熟的愛	林振輝譯	120元
48. 現代女性駕馭術	蔡德華著	90元
49. 禁忌遊戲	酒井潔著	90元
53. 如何達成願望	謝世輝著	90元
54. 創造奇蹟的「想念法」	謝世輝著	90元
55. 創造成功奇蹟	謝世輝著	90元
57. 幻想與成功	廖松濤譯	80元
58. 反派角色的啟示	廖松濤編譯	70元
59. 現代女性須知	劉華亭編著	75元
62. 如何突破內向	姜倩怡編譯	110元
64. 讀心術入門	王家成編譯	100元
65. 如何解除內心壓力	林美羽編著	110元
66. 取信於人的技巧	多湖輝著	110元
68. 自我能力的開拓	卓一凡編著	110元
70. 縱橫交涉術	嚴思圖編著	90元
71. 如何培養妳的魅力	劉文珊編著	90元
75. 個性膽怯者的成功術	廖松濤編譯	100元
76. 人性的光輝	文可式編著	90元
79. 培養靈敏頭腦秘訣	廖玉山編著	90元
80. 夜晚心理術	鄭秀美編譯	80元
81. 如何做個成熟的女性	李玉瓊編著	80元
82. 現代女性成功術	劉文珊編著	90元
83. 成功說話技巧	梁惠珠編譯	100元
84. 人生的真諦	鐘文訓編譯	100元
87. 指尖・頭腦體操	蕭京凌編譯	90元
88. 電話應對禮儀	蕭京凌編著	120元
89. 自我表現的威力	廖松濤編譯	100元
91. 男與女的哲思	程鐘梅編譯	110元
92. 靈思慧語	牧風著	110元
93. 心靈夜語	牧風著	100元

國家圖書館出版品預行編目資料

超金榜題名術／有賀　悠　著，陳蒼杰譯
　－初版－臺北市，大展，民 88
　　面；21 公分－（校園系列；18）
　譯自:〔圖說〕超合格術
　　ISBN 957-557-962-3（平裝）
　　1. 考試指南　2. 學習方法　3. 閱讀法
529.98　　88013092

ZUSETSU CHO GOKAKU-JUTSU by Yuu Ariga
Illustrations by Chikako Fujimoto

First published in Japan in 1995 by PHP Institute, Inc.
Chinese translation rights arranged with Yuu Ariga
through Japan Foreign-Rights Centre/Hongzu Enterprise Co., Ltd.

版權仲介：宏儒企業有限公司

超金榜題名術　ISBN 957-557-962-3

著　　者／有　賀　悠
編 譯 者／陳　蒼　杰
發 行 人／蔡　森　明
出 版 者／大展出版社有限公司
社　　址／台北市北投區（石牌）致遠一路 2 段 12 巷 1 號
電　　話／(02) 28236031・28236033
傳　　真／(02) 28272069
郵政劃撥／01669551
登 記 證／局版臺業字第 2171 號
承 印 者／高星印刷品行
裝　　訂／日新裝訂所
排 版 者／千兵企業有限公司
電　　話／(02) 28812643
初版1刷／1999 年（民 88 年）11 月

定　　價／200 元

大展好書 好書大展